Lutz van Dick (seit 1992 : van Dijk), Dr. phil., Schrift-
steller und Lehrer in Hamburg und Amsterdam,
Mitarbeit in der deutschen Initiative «Pädagoginnen
und Pädagogen für den Frieden» sowie bei der
niederländischen Anne-Frank-Stiftung.
Bei rotfuchs veröffentlichte der Autor außerdem :
«Der Attentäter» (Band 527), «Feinde fürs Leben?»
(Band 555) und «Verdammt starke Liebe» (Band 597).

Lutz van Dick

Der Partisan

Das kurze Leben des
Hirsch Glik

Mit einem Nachwort von
Esther Bejarano

Rowohlt

rororo rotfuchs
Herausgegeben von Ute Blaich und Renate Boldt

Für Detlef, Jens und Tamar

Originalausgabe
Veröffentlicht im Rowohlt Taschenbuch Verlag GmbH,
Reinbek bei Hamburg, Juni 1993
Copyright © 1993 by Rowohlt Taschenbuch Verlag GmbH,
Reinbek bei Hamburg
Redaktion: Gisela Krahl
Fotorechte: Yad Vashem Archiv, Jerusalem
Umschlagentwurf: Hanno Rink unter Verwendung von zwei Fotos
des Yad Vashem Archivs, Jerusalem
Umschlaggestaltung: Nina Rothfos
rotfuchs-comic: Jan P. Schniebel
Alle Rechte vorbehalten
Gesetzt aus Aldus (Linotronic 500)
Gesamtherstellung: Clausen & Bosse, Leck
Printed in Germany
890-ISBN 3 499 20593 9

Inhalt

BEKANNTMACHUNG

Am gestrigen Sonntag nachmittag wurde in der Stadt Wilna aus dem Hinterhalt auf deutsche Soldaten geschossen.

Zwei der feigen Banditen konnten festgestellt werden. Es waren Juden.

Die Taeter haben ihr Leben verwirkt. Sie wurden sofort erschossen.

Zur Verhuetung derartiger feindseliger Akte sind bereits weitere schaerfste Gegenmassnahmen getroffen. Die Vergeltung trifft die Gesamtheit der Juden.

Vorerst ist es darueberhinaus allen Juden beiderlei Geschlechts mit sofortiger Wirkung verboten, ihre Wohnungen in der Zeit von 15 Uhr nachmittags bis 10 Uhr vormittags zu verlassen. Ausgenommen hiervon sind nur diejenigen Juden und Juedinnen, die ausdruecklich zum Arbeitseinsatz befohlen sind.

Die getroffenen Anordnungen dienen der Sicherheit der Bevoelkerung und der Sicherstellung ihres Lebens. Pflicht jedes anständig denkenden Einwohners ist es, daran mitzuhelfen, dass Ruhe und Ordnung herrschen.

Der Gebietskommissar der Stadt Wilna
gez. HINGST

SKELBIMAS

Vakarykščio sekmadienio papiet buvo iš pasalų šaudoma į vokiečių kareivius.

Du bailiųjų banditų buvo nustatyti, tai, buvo žydai.

Piktadariai užsimokėjo gyvybe, juos tuč-tuojau sušaudė.

Kad ateity išvengus panašių piktadariškų žygių numatyta eilė naujų griežtų priemonių. Atsakomybė krenta visai žydų visuomenei.

Pirmiausia abiejų lyčių žydams yra uždrausta, tuojau vykdytina, išeiti iš jų gyvenamų butų nuo 15 vai. po pietų iki 10 vai. ryto.

Išimtį sudaro tik tie žydai ir žydės, kurie turi aiškų darbo įsakymą.

Išleisti patvarkymai užtikrina gyventojų saugumą ir jų gyvybės saugumą.

Kiekvieno sąmoningai galvojančio gyventojo pareiga - rūpintis ramybe ir tvarkos įgyvendinimu.

Vilniaus Apygardos Komisaras
HINGST

Tel Aviv 1949

Der kleine Junge würdigt mich keines Blickes. Zehn mag er sein, höchstens elf. Ein hageres, braungebranntes Kerlchen mit dunklen Locken, das emsig versucht, den Haken seiner Angelschnur freizubekommen. Der Haken sitzt unter Wasser fest. Während der Junge von Felsen zu Felsen hüpfend diese Stelle umkreist, wagt er es offensichtlich nicht, einfach ins Wasser zu springen und nach seinem wertvollen Haken zu tauchen.

In Tel Aviv ist es im September häufig noch genauso heiß und drückend wie im Hochsommer. Durch die wochenlang aufgeheizten Sand- und Felsendünen und das erwärmte Meerwasser verstärkt sich dieser Eindruck. Weiter südlich, an dem Strand, der dem Stadtzentrum vorgelagert ist, herrscht jetzt Hochbetrieb. Um diese Zeit, wenn die Büros schließen, strömen viele Angestellte zu einem erfrischenden Bad ans Meer. Obwohl ich nichts so mag wie Strand und Meer, machen mir die vielen lachenden und vergnügten Menschen dort noch immer das Herz schwer, lassen mich meine Einsamkeit schmerzhaft spüren ... Du fehlst mir so sehr – noch immer.

Seit ich die kleinen Felsenbuchten am nördlichen Strand Tel Avivs entdeckt habe, nehme ich gern den etwas umständlichen Fußmarsch dorthin in Kauf. Hier kann man stundenlang allein sein. Allein mit dem Meer und dem Himmel, dem Leben, dem Licht – und manchmal mit dem einen oder anderen kleinen Jungen aus der Nachbarschaft, der hier seine ersten Angelkünste erprobt, bevor er zur Bucht der Großen geht.

Jetzt hat er sich doch beherzt das zerschlissene Hemd und die kurze Hose ausgezogen. Bevor er springt, befestigt er das eine Ende der Schnur sorgfältig an einem Felsen, ein kurzes Zögern – dann platscht er im Kopfsprung und mit gespreizten Beinen wie ein Frosch ins Wasser. Trotz des uneleganten Sprunges scheint er ein geübter Taucher zu sein. Er bleibt so lange unter Wasser, daß ich – nun doch aus meinen Gedanken gerissen – aufstehe und einen langen Hals mache, um zu sehen, wo er geblieben ist. Da schießt sein Kopf auch schon aus dem Wasser, eine Hand klammert am Felsen, und ein deutlicher Fluch ist zu vernehmen. Der Haken sitzt immer noch fest.

Ich schwanke noch, ob ich hinübergehen und ihm meine Hilfe anbieten soll. Jungen in seinem Alter finden es mitunter sehr unpassend, von einer jungen Frau Hilfe anzunehmen. Doch da ist er schon wieder abgetaucht, jetzt bleibt er noch länger als eben unter Wasser. Er wird doch nicht selbst irgendwo hängengeblieben sein, vielleicht sogar bereits ohnmächtig oder von der starken Strömung ins Meer getrieben?

Ohne weiteres Zögern springe ich auf und laufe, so schnell ich kann, zu der Stelle, wo seine Angelschnur befestigt ist. In dem Moment, als ich diesen Platz erreiche, kommt sein schmächtiger Körper aus dem Wasser geschossen, und mit Schwung erklimmt er den vorragenden Felsen. Das Meerwasser perlt von seiner dunklen Haut, von der rechten Handoberfläche strömt hellrotes Blut aus einem kleinen Riß – doch das Gesicht strahlt: Zwischen den Zähnen blitzt der zurückeroberte Angelhaken!

Jetzt erst bemerkt er mich, sieht meinen sich von Sorge zu Erleichterung wandelnden Gesichtsausdruck – der plötzlich erneut erstarrt: Diese Augen, diese ungewöhnlich blauen Augen bei sonst dunkler Haut und braunen Haaren – solche meerwasserblauen Augen hattest du auch, genauso hell und strahlend . . . [1]

Und du mußt etwa im Alter dieses Jungen gewesen sein, als ich dich zum ersten Mal traf. Es war auch am Meer, an der lausekalten Ostsee, weißt du noch? Ja, 1934 war es – du warst damals zwölf Jahre alt, und ich war erst zehn. Da waren wir gemeinsam verschickt worden in ein Sommerlager für Kinder aus unserer Heimatstadt Wilna. Ich spüre noch heute in meinem Herzen, daß ich mich bereits damals mit zehn Jahren in dich verliebt hatte.

Die Ostsee, die polnische Ostsee, gar nicht weit weg von der deutschen Grenze – für mich war es bis dahin die weiteste Reise meines Lebens. Ohne dich wäre ich vor Heimweh gestorben.

Jetzt werden meine nackten Füße vom warmen Wasser des Mittelmeers umspült. Vor wenigen Wochen habe ich das Hospital im Flüchtlingslager verlassen und über den Hafen von Haifa in den erst vor einem Jahr – im Mai 1948 – gegründeten Staat Israel einwandern können. Ich habe mir erzählen lassen, wie die Menschen am Tag der Staatsgründung vor Freude auf den Straßen getanzt haben, die jüdischen Menschen auf den Straßen von Haifa, Jerusalem, Tel Aviv, weil sie endlich eine Heimat hatten – und wie die arabischen Menschen traurig oder verbittert daheim saßen, andere bereits zu den Waffen gegriffen hatten, weil ihre Heimat bedroht oder bereits genommen worden war. Wegen der Krankheit habe ich von alldem nichts mitbekommen. Danach wollte ich unbedingt in unser «Gelobtes Land» – ein anderes Ziel konnte ich mir nicht vorstellen.

In Tel Aviv habe ich vor einigen Tagen eine Arbeit als Schreibkraft in einem Büro gefunden und ein kleines Zimmer zur Miete in der Stadt bezogen. Die Stadt quillt über vor jungen, lebensmutigen, optimistischen Menschen. Tel Aviv – das ist Hebräisch und bedeutet soviel wie «Hügel des Frühlings». 1909 erst ist die Stadt auf den Dünen an der Mittelmeerküste von jüdischen Einwanderern errichtet worden. Ich fühle mich in alldem so verloren. Was soll nun werden?

September ist es, September 1949 in Tel Aviv. «Bist doch erst fünfundzwanzig, Mejdele!» hat mein aus Ungarn eingewanderter älterer Wohnungsnachbar heute morgen auf dem Weg zur Arbeit aufmunternd zu mir gesagt. Ist man mit fünfundzwanzig alt oder jung? Vor zehn Jahren – da war ich noch jung. Im September 1939 war ich fünfzehn Jahre alt – und mußte von einem auf den anderen Tag sehr erwachsen sein. Das Unglück hat es gewollt, daß ich ausgerechnet Ende August zu Tante Sara nach Warschau hatte fahren müssen. So wurden wir das erste Mal getrennt. Als die Tante mich am Morgen des 1. September 1939 mit bleichem Gesicht weckte und flüsternd sagte: «Jetzt ist Krieg, Kind!», da warst du im noch unbesetzten Wilna, während über Warschau schon bald die ersten deutschen Flugzeuge donnerten.

Wir waren getrennt – und doch wußte ich aus tiefster Seele, daß ich dich wiedersehen würde. Das gab mir soviel Kraft. Damals. Genug für die fast zwei Jahre der Trennung, in denen wir uns nur selten Botschaften zukommen lassen konnten.

Wen verwundert es, daß jene Nacht, unsere erste Nacht nach zwei Jahren Trennung, als wir uns im Sommer 1941 in Wilna wiedersahen, die schönste Nacht meines Lebens war? Du warst inzwischen neunzehn Jahre alt, ein schlanker und doch kräftiger, schöner junger Mann, so sanft, so vorsichtig, so ernst und nachdenklich, ein wenig kleiner als ich, denn ich war mit meinen siebzehn Jahren noch mal ein ganzes Stück gewachsen...

Hirsch Glik (1922–1944)[1a] mit 17 Jahren – Zeichnung nach dem einzigen Foto
von ihm aus dem Jahre 1939, das erhalten geblieben ist

«Wollen Sie Fisch abhaben?» Mein kleiner Tiefseeangler reißt mich plötzlich aus den Erinnerungen. Mit einem abgerissenen Hemdsärmel hat er sich die Hand verbunden und mit dem Rest abgetrocknet. Drei ziemlich kleine Fische zappeln in einem Blecheimer, den er mir stolz unter die Nase hält.

«Ja gerne», antworte ich, ohne zu überlegen.

«Machen wir!» meint er fachmännisch, schnappt sich einen der Kinderfische und schlägt ihm ohne Zögern den Kopf an einer Felsenkante ab. Den Rest wickelt er in ein Stück schmuddeliges Zeitungspapier, das er aus einer Hosentasche gezaubert hat. «Umsonst!» sagt er ernst und reicht mir das nasse Päckchen. Ich schüttele ihm zum Dank die Hand, und schon ist er, behende über mehrere Felsen hüpfend, über den ersten Hügel verschwunden. Wenn der Kopf noch dran gewesen wäre, hätte ich ihm wohl sofort die Freiheit zurückgegeben. Aber was soll ein kopfloser Fisch mit der Freiheit des Meeres anfangen? Ich beschließe, ihn mit nach Hause zu nehmen. Das hättest du sicher auch so gemacht, nicht? Und wenn nur aus Respekt dem Jungen und dem Fisch gegenüber...

Es ist dieser Septemberabend 1949 in Tel Aviv, an dem mir zum ersten Mal der Gedanke kommt, deine Geschichte, Geliebter, aufzuschreiben. Als ich daheim in meinem dunklen Zimmer sitze, noch immer den kleinen stinkenden Fischrest in der Hand halte, von draußen der Lärm des Straßenverkehrs hereindröhnt und alle Welt sich aufmacht, um den etwas kühleren Abendwind in einem der Straßenlokale in der Dizengoffstraße zu genießen.

Die erste Begegnung

Gefreut habe ich mich keineswegs auf jenes Sommerlager 1934. Mir war klar, daß ich mit meinen zehn Jahren zu den Jüngsten gehören würde und dann noch als Mädchen... Das war eine unerhörte Neuerung damals – Jungen und Mädchen gemeinsam in einem Lager! Außerdem kam meine beste Freundin Dalia nicht mit. Sie hatte es geschafft, sich gegen ihre Eltern durchzusetzen und zu Hause zu bleiben. «Sonia», versuchte sie mich zu trösten, «ist doch nur für drei Wochen. Dann sind wir wieder zusammen!» Drei Wochen – das sind einundzwanzig Tage!!

Da stand ich nun auf dem «Schulhojf», dem Platz vor der großen Wilnaer Synagoge, um den Hals ein Pappschild mit Namen und Anschrift und an der Hand eine nervöse Mutter, die natürlich viel zu früh mit mir hierhergekommen war.

«Um neun Uhr, hat Dr. Shabad gesagt», schimpft sie bereits zum zweiten Mal anklagend vor sich hin. Dabei ist es gerade kurz nach acht. Außer uns ist noch niemand am verabredeten Treffpunkt. Dafür hat das bunte Marktleben auf dem «Schulhojf» schon seit den frühen Morgenstunden begonnen. Ich genieße es, diesem Treiben zuzuschauen, und vergesse für ein paar Augenblicke das drohende Zeltlager.

Da gibt es Shmuel, den dicken Gemüsehändler, der, beide Hände in die breiten Hüften gestemmt, nicht müde wird, in gewaltiger Lautstärke Kundinnen anzulocken: «Na, Sie brauchen nicht rot zu werden, gute Frau, das machen meine Tomaten für Sie! Hier – da haben Sie noch eine umsonst obendrauf!» Die Angesprochene kichert unsicher, jedoch keinesfalls unangenehm berührt. Er ist nämlich prächtig anzusehen – ein Bild von einem Mann! Oder dahinten Raja, die Verrückte, die

Bettlerin, die die meiste Zeit in einer Ecke des Platzes zubringt. Aber manchmal, so alle zwei bis drei Wochen, kämmt sie sich ihr zerzaustes Haar und streicht ihre Kleider glatt, erklimmt eine alte Holzkiste oder ein Faß – und singt so wunderschön, daß alle stehenbleiben und selbst Shmuel seinen Mund hält. Ihr Gesang hat etwas Himmlisches an sich. Vielleicht ist sie gar nicht verrückt, denke ich manchmal!

Schließlich eilt mein Musiklehrer Jaacov Gerstein vorbei, vermutlich zur ersten Chorprobe, die auf seinen ausdrücklichen Wunsch hin auch in den Ferien stattfindet. Meinen Gruß überhört er. Vermutlich zerlegt er in Gedanken bereits ein Musikstück in einzelne Partituren. Trotz der Wärme hat er den weiten Kragen seines Mantels hochgeschlagen, so daß nur die Enden seines riesigen bebenden Schnurrbarts an den Seiten hervorragen. Er ist etwa fünfzig Jahre alt und lebt mit seinen beiden Schwestern unverheiratet in der Nähe des Schloßgartens. Dalia meint, daß er zaubern könne.

«Endlich – da kommt Dr. Shabad!» Mutter zerrt an meiner Hand, mit der anderen ergreift sie meinen Rucksack und eilt in seine Richtung. Dr. Shabad[2] gehört zu den Persönlichkeiten von Wilna. Alle grüßen ihn auf der Straße. Er mag ein freundlicher älterer Herr sein, aber wegen seiner Sommerlager, mit denen mir Mutter schon seit zwei Jahren im Ohr liegt, kann ich ihn nicht leiden.

Nun geht alles plötzlich sehr schnell: In kurzer Zeit sind fast alle sechzig Kinder, die mitfahren sollen, beisammen. Zwei fehlen noch. «Wie bitte? Ach so», ruft Dr. Shabad, «ich höre gerade, die sind krank! Na, dann soll's losgehen! Gute Reise, Kinder!» Gemeinsam mit den Müttern und einigen Vätern trotten wir zum Bahnhof, wo der Zug schon auf uns wartet. Plötzlich sind alle wie elektrisiert, strömen in die Abteile und drängen sich an den hochgeschobenen Fenstern. Draußen stehen schniefende Mütter, und im Zug schreien alle Kinder durcheinander. Auch meine Mutter kann ich erkennen und sehe, wie sie Tränen in ihr Taschentuch drückt. Ich winke nicht, denn ich hätte auch gar keine Chance, mich bei den Größeren am Fenster durchzudrängen. Aber ich will auch nicht. Jetzt heulst du, Mama, denke ich bei mir, aber du hättest mich ja nicht auf diese schreckliche Reise schicken müssen! Es ist so gemein, daß ich plötzlich auch heulen muß...

Bald verschwinden die drei großen Sandberge, die um Wilna liegen, am Horizont. Zwei von ihnen reichen bis in die Stadt hinein. Am Fuße des einen liegt der Botanische Garten, den ich wegen der bunten und lustigen Vögel, die es dort gibt, sehr mag. Wilna – das mein Vater noch stolz «das Jerusalem von Litauen» genannt hat –, wer kennt es heute noch? Litauen ist der südlichste der drei baltischen Staaten Estland, Lettland und Litauen, die im Laufe der Geschichte zumeist unter polnischer oder russischer Herrschaft gestanden hatten.[3] Um 1900 gab es in Wilna über 60 000 Juden, die mehr als vierzig Prozent der Stadtbevölkerung ausmachten. Diese Juden, zu denen auch meine Eltern und deine Familie Glik gehörten, kamen aus sehr unterschiedlichen gesellschaftlichen Schichten. Fast alle waren stolz darauf, daß die jüdischen Druckereien und Buchverlage die größten in der Welt waren. Auch diejenigen, die nicht lesen konnten, wußten: Die Juden von Wilna sind vielleicht arm oder verrückt, aber sie sind gebildet!

Und Armut gab es in der Tat in den jüdischen Wohnvierteln von Wilna: Ein Drittel, also etwa 20 000 Menschen, litten an Hunger und Krankheit und waren auf die Fürsorge angewiesen. Gleichzeitig gehörten viele Juden Wilnas von Anfang an zu denen, die für den Sozialismus und gegen den russischen Zaren

kämpften – und dies mit einer Dickköpfigkeit, die sprichwört-
lich wurde. Jedes Kind in unserer Schule kannte die Geschichte
vom Wilnaer Schuster Hirsch Leckert, der 1902 den Gouverneur des Zaren in Wilna erschossen hatte, weil dieser zuvor
rebellierende Arbeiter nach einer 1.-Mai-Demonstration öf-
fentlich hatte auspeitschen lassen. Bevor er hingerichtet
wurde, fragte der Richter ihn noch einmal, warum er auf den
Gouverneur geschossen habe. «Weil ich ihn erschießen
wollte», antwortete der Schuster in der ihm eigenen Direkt-
heit. Und viele Arbeiter werden nicht müde zu ergänzen, daß
der Schuster eben ein typisch dickköpfiger Wilnaer Jude gewesen sei.

Inzwischen gibt es keinen Zaren mehr. Jetzt, 1934, gehört
Wilna wieder zu Polen, wobei die Stimmung unter vielen Litauern uns Juden gegenüber dadurch nicht unbedingt besser
geworden ist. Noch immer entschließen sich viele Familien zur
Auswanderung vor allem in die Vereinigten Staaten von Amerika, einige aber auch, von den Ideen des Zionismus[4] begeistert,
zur «Heimkehr ins Land der Väter» nach Eretz Israel – das da-
malige Palästina. Mein Vater, der eine Anstellung als Musiker
beim Philharmonischen Orchester von Wilna hat, sagt: «Ich
gehe erst, wenn das Orchester geht! Ohne diese wunderbare
Musik kann ich nicht leben!» Er sollte Jahre später auf tragi-
sche Weise recht behalten.

Ich muß während der Fahrt in der Eisenbahn eingeschlafen
sein, denn plötzlich werde ich wach gerüttelt, und ein dickes
Mädchen mit Zöpfen reicht mir ein Butterbrot. «Hier – die soll
ich verteilen!» sagt sie mit vollem Mund. Es ist ihr anzusehen,
daß sie diese Aufgabe nicht ungern wahrnimmt. Eigentlich
habe ich keinen Hunger, mir ist eher ein wenig übel von der

Schaukelei im Zug. So stecke ich das Brot vorsichtshalber für später in meinen Rucksack. Doch da fährt die Dicke dazwischen: «Das gibt es nicht! Entweder essen oder zurückgeben!» Das fängt ja schön an. Ich strecke ihr die Zunge heraus und beiße ein kleines Stück vom Brot ab.

Als wir am Nachmittag in dem Sommerlager ankommen, bin ich todmüde von der Fahrt und dem langen Fußweg vom Bahnhof zum Sommerlager. Wir jüngeren Kinder werden zuerst auf die Zelte verteilt. Ich erinnere mich noch, daß ich mit Verdruß feststelle, daß jenes dicke Mädchen aus der Bahn meine Bettnachbarin ist. Vor dem Einschlafen gibt sie mir zu meiner Überraschung die Hand und sagt freundlich: «Ich heiße Ruth!» Das hilft auch nicht, denke ich bei mir, sage aber immerhin artig: «Ich bin Sonia...»

Es muß an einem der letzten Tage der ersten Woche an der Ostsee gewesen sein. Bis jetzt hatte es fast nur geregnet, und wir waren mit allerlei Basteleien und Spielen in den Zelten beschäftigt worden. Endlich strahlt die Sonne vom blauen Himmel. Alle sind sehr aufgekratzt. Vor allem die Jungen wissen kaum, wohin mit den aufgestauten Kräften.

Noch am Vormittag bekommen wir Freizeit. Während die meisten sich in kleinen Gruppen zusammenschließen und verschiedene Spiele verabreden, mache ich mich, so schnell ich kann, auf in ein nahes Wäldchen, um endlich einmal wieder allein sein zu können. Nach dem ewigen Geschrei und Lärm im Zeltlager genieße ich die Ruhe des Waldes, das harmonische Zwitschern der Vögel und die freundlich wärmenden Strahlen der Sonne.

Es ist bereits gegen Mittag, als ich eilig den Weg zurück suche, um nicht zu spät zum Essen zu kommen. Kurz bevor ich den Hauptweg erreiche, springen plötzlich fünf ältere Jungen aus einem Gebüsch und fallen mit lautem Gejohle über mich her. «Wir haben sie!» ruft einer triumphierend. Ich meine, sie schon im Lager gesehen zu haben, aber kenne keinen mit Namen. «Ich spiel doch gar nicht mit!» schreie ich wütend. Aber sie lachen nur noch mehr und fesseln mich an einen Baum. Der größte von ihnen prustet: «Ja, nun auf einmal, wo wir dich gefangen haben!» – «Jetzt wirst du gefoltert», meint einer mit Brille. «Das war so abgemacht!» Tatsächlich reißt er ein paar

Auf einem der Sommerlager des Dr. Shabad zwischen 1929 und 1934

Brennesseln ab und ist bereits dabei, meine Kniestrümpfe herunterzuziehen. So ein Mist – jetzt muß ich auch noch anfangen zu heulen! «Ihr Feiglinge!» schimpfe ich empört und ziehe dabei laut den Rotz in meiner Nase hoch.

In diesem Moment reißt einer von den fünfen, der sich bis jetzt eher zurückgehalten hat, dem mit der Brille die Brennesseln aus der Hand und verkündet mit ungewöhnlicher Ruhe: «He, die war tatsächlich nicht bei der anderen Gruppe! Laßt sie in Ruhe!» Die anderen schauen ihn erstaunt an. «Na und?» meint der Größte herausfordernd: «Mädchen ist Mädchen!»

Der Junge, der mir helfen will, ist bestimmt einen Kopf kleiner als er. Noch einmal sagt er mit fester Stimme: «Die laßt ihr in Ruhe!» Der Große pufft ihm gegen die Schulter: «Mensch, du bist ein Spielverderber!» Aber dabei grinst er. «Kommt», sagt er zu den anderen, «wir müssen sowieso zum Essen!»

Damit springen vier Jungen unter Geheul durch die Büsche in Richtung Zeltlager. Der kleinste von ihnen bleibt bei mir. Ohne ein Wort zu sagen, bindet er mich vom Baum ab und reibt mir vorsichtig die Handgelenke, wo die Seile eingeschnitten haben. Ich traue mich nicht, ihn anzusprechen. Still gehen wir den Weg nebeneinander. Kurz bevor wir beim Essenszelt ankommen, fragt er mich ernst: «Du magst den Wald auch gern, nicht?» Die hellblauen Augen sehe ich erst jetzt.

Familie Glik

Die letzten beiden Wochen an der Ostsee vergehen wie im Fluge. Erstaunlicherweise respektieren die meisten Kinder die Freundschaft zwischen Hirsch und mir, während andere Begegnungen zwischen Mädchen und Jungen schnell lächerlich gemacht werden. Sogar Ruth ist irgendwann gar nicht mehr so schrecklich, sondern meint einmal fast herzlich: «So einen hätte ich auch gern als Bruder!»

Dabei spürte ich schon damals, daß es mehr ist als ein geschwisterliches Gefühl, das ich für dich empfinde.

Als wir Ende August 1934 wieder am Bahnhof Wilna ankommen, stehen diesmal nicht nur die Mütter, sondern ganze Familien zum Empfang bereit.

Irgendwie haben Hirsch und ich es geschafft, in einem Abteil zusammenzusitzen. Wie anders erlebe ich diese Fahrt als noch jene vor drei Wochen!

Ich freue mich darauf, wieder daheim zu sein. Aber ich bin auch gespannt, die Familie von Hirsch kennenzulernen. Bis jetzt weiß ich nur, daß er nicht in der Innenstadt wohnt wie wir, sondern am Stadtrand auf der anderen Seite des Flusses.

Als wir aussteigen, laufe ich überglücklich auf meine Mutter zu. Sie weint auch jetzt wieder, aber dieses Mal tröste ich sie gern. Hirsch steht unschlüssig hinter mir, seinen Rucksack hat er bereits geschultert. «Ja», beginnt er unsicher und berührt mich, «Lehitraot, auf Wiedersehen, Sonia!» – «Holt dich denn niemand ab?» frage ich voller Mitleid. «Meine Eltern müssen arbeiten», antwortet er genauso traurig. Ich will nicht, daß er allein weggeht. «Komm doch mit zu uns», schlage ich spontan vor. Doch ich spüre im selben Moment, daß meiner Mutter dies nicht recht ist. «Wie heißt du denn überhaupt?» fragt sie meinen Freund abweisend. «Hirsch Glik», antwortet er leise und gibt brav die Hand. Meine Mutter bleibt reserviert: «Ja, deinen Vater kenne ich.» Und zu mir gewandt: «So, jetzt müssen wir aber los – ich habe extra ein Taxi vor dem Bahnhof warten lassen!»

Damit zieht sie mich hinter sich her. «Lehitraot!» rufe auch ich und winke ihm mit der freien Hand zu. Er hebt ruhig seinen Arm zum Gruß und wendet sich langsam um. Allein geht er den Bahnsteig zum südlichen Ausgang hinunter.

Kaum sind wir im Taxi, will ich sofort wissen: «Woher kennst du denn den Vater von Hirsch?» – «Liebes Kind», sagt meine Mutter in einem Ton, den ich hasse: «Der Vater dieses Jungen ist...», sie zögert einen Moment, «...ist Lumpensammler!» Ich ahne, was sie mir damit sagen will. Das sind arme Leute, ganz von unten. Ungerührt gebe ich zurück: «Na und – was kann denn Hirsch dafür?» Dann sagt sie das, was Erwachsene immer sagen, wenn sie nicht weiterwissen: «Das wirst du besser begreifen, wenn du älter bist. Ich möchte nicht, daß du mit dem Jungen Umgang hast!»

Da hatte ich mich so auf daheim gefreut – und jetzt gibt's schon in der ersten halben Stunde wieder Krach. Als ich daraufhin bis zur Ankunft vor unserem Haus nichts mehr sage, kommt der Satz von ihr, von dem ich mir schon so gewünscht habe, ihn nie mehr zu hören: «Was bist du nur für ein Kind, Sonia!»

Die eine Woche, die wir noch freihaben bis zum Schulanfang, kann nicht schnell genug vergehen. Zur anderen Seite des Flusses – das ist weiter, als ich mit meinen zehn Jahren allein gehen dürfte. Aber wenn erst die Schule wieder angefangen hat, dann werde ich schon eine Gelegenheit finden, heimlich herauszubekommen, wo Hirsch wohnt. Dann will ich ihm entweder einen Brief schreiben und anderen Kindern mitgeben, von denen ich weiß, daß sie dort wohnen – oder ich werde mich selbst auf den Weg machen.

Doch bevor ich meine Pläne in die Tat umsetzen kann,

kommt alles ganz anders. Es ist der dritte Schultag. Auf dem Heimweg will ich gerade in unsere Straße einbiegen, als ich von der gegenüberliegenden Ecke einen Kuckucksruf höre. Verwundert versuche ich auszumachen, wo der Vogel sitzen mag, als ich seinen braunen Lockenschopf entdecke. Er grinst fröhlich und ruft leise herüber: «Siehst du, hab ich dich doch gefunden!» Ich schaue erst vorsichtig zum Küchenfenster meiner Mutter, die manchmal dort nach mir Ausschau hält, und laufe dann schnell über die Straße. «Hier!» sagt er verschwörerisch und drückt mir einen kleinen gefalteten Zettel in die Hand. «Ich muß gleich wieder weg, sonst komme ich zu spät zu meiner Arbeit. Ich arbeite nämlich als Bote!» Damit springt er auch schon ausgelassen davon. Mir zittern vor Freude die Hände, als ich den zerknitterten Zettel entfalte. Oben steht in großen Buchstaben: DA WOHNE ICH! Darunter hat er einen kleinen Plan gemalt. Der Fluß ist zu erkennen, dann ein paar Wege oder Straßen. An einer Linie steht: «Klein-Schnippischok Nr. 118». Die Zahl ist doppelt unterstrichen.

Es soll noch einmal fünf Tage dauern, bis ich endlich eine Gelegenheit finde, mich nach Klein-Schnippischok auf den Weg zu machen. Es ist der Dienstag in der Woche nach Schulbeginn, als unser Musiklehrer, Herr Gerstein, zu einer Chorprobe außerhalb Wilnas muß und deshalb die letzten beiden Stunden des Unterrichts ausfallen. Das ist meine Chance!

Viel schneller, als ich dachte, bin ich beim Fluß. Von dort über die alte Brücke bis zu der von Hirsch gekennzeichneten Straße ist es ebenfalls nicht weit. Was für ein lebendiges Treiben herrscht in dieser Gasse – fast wie auf dem «Schulhojf» vor der Synagoge! Da ein Schusterladen, aus dem das klopfende Geräusch der kleinen Hämmer dringt; dort eine Backstube, aus der der Duft frischer Brote strömt; ein Stück weiter eine Schneiderei, wo dicht an der Scheibe zwei Gesellen über große Stoffe gebeugt arbeiten. In der Straße selbst ein wildes Durcheinander von schmuddeligen Kindern, Bettlern, einem Scherenschleifer, allerlei Abfällen und Katzen, die darin herumwühlen – an einem kleinen Vorplatz legt gerade ein Straßenmusikant den Bogen an seine Geige. Wie aufregend ist es hier!

Bei Nr. 118 fehlt zwar das Schild, aber bei Nr. 116 hängt eines, also muß es hier sein. Ich klopfe zweimal. Als niemand antwortet, drücke ich vorsichtig die Klinke herunter und trete ein. Ich brauche einige Sekunden, bis sich meine Augen an die Dunkelheit des Raumes gewöhnt haben. Voller Erstaunen sehe ich, daß zwei Erwachsene und ein Junge stumm um ein Bett herumstehen und besorgt herunterschauen. Hirsch macht mir ein Zeichen, still zu sein, und winkt mich an das Bett. «Das ist meine Schwester Chaja – sie ist sehr krank, und wir haben große Angst um sie», flüstert er mir ins Ohr. Jetzt erst scheinen mich die Eltern zu bemerken. «Das ist Sonia», sagt Hirsch leise. Der Vater streicht mir freundlich über die Haare, bleibt aber weiter stumm. Ich wage nicht zu fragen, was die Kleine hat, und stehe nur ebenso betroffen dabei, als gehörte ich zur Familie. Endlich schlägt das Mädchen, das ich auf etwa sechs oder sieben Jahre schätze, die Augen auf. «Chajale!» sagt die Mutter zärtlich und wischt dem Kind mit einem kühlen Lappen die heiße Stirn. «War der Doktor schon da?» frage ich flüsternd. Hirsch antwortet mit einem Kopfschütteln: «Zu uns kommt kein Doktor...» Als die kleine Chaja wieder eingeschlafen ist, nimmt mich die Mutter, eine runde herzliche «Mammet», beiseite und spricht zu mir: «Du bist Sonia, ja? Mein Junge hat schon von dir erzählt. Du bist uns immer willkommen, aber ich habe Sorge, daß du dich bei Chaja anstecken könntest. Komm uns in paar Tagen wieder besuchen, ja?»

Ich gebe jedem still die Hand, und Hirsch bringt mich noch zur Tür. «Wie schön, daß du gekommen bist», sagt er und schaut mich lange an. Ich weiß, daß ich bald wieder hier sein möchte. Bei dieser armen Familie fühle ich Wärme, die ich bisher nicht kannte.

Das Ende der Schulzeit

Schon zwei Tage später ertönt der Kuckucksruf erneut an meiner Straßenecke. Hirsch ist anzusehen, daß er gute Nachrichten hat: «Meine kleine Schwester hat kein Fieber mehr – ist das nicht schön? Komm doch, Sonia, wir wollen das heute feiern daheim!» Wieder blicke ich erst prüfend zum Küchenfenster hoch, bevor ich zu ihm über die Straße laufe. «Aber ich kann doch jetzt nicht. Ich muß gleich zum Mittag oben sein...» – «Ach, es wär so schön. Weißt du, zwei meiner Onkel sind da, das sind richtige Musiker. Vielleicht kannst du später kommen?» Ich nicke entschlossen: «Du – das will ich versuchen. Nein, ich komme bestimmt!» Er drückt mir dankbar die Hand und streicht mir über die Wange, daß mir ganz warm wird. Es ist, als gingen kleine Sonnenstrahlen von seinen schlanken braunen Fingern auf meine Haut über... Dann reißt er sich mit einem Ruck los und läuft, ohne sich noch einmal umzudrehen, über den Hof um die Ecke.

Wie verzaubert bleibe ich noch einen Moment stehen. Als unser Hausmeister, der sonst häufig mit uns Kindern schimpft, an mir vorbeigeht, grüße ich ihn mit ungewöhnlicher Freundlichkeit: «Shalom, lieber Herr Rosenbaum!» Er ist so erstaunt, daß er seine übliche Grimmigkeit für eine Sekunde vergißt und wie ein Echo antwortet: «Shalom, Sonia!»

Heute scheint mein Glückstag zu sein. Als ich die Wohnung betrete, duftet es nach leckerem Kugl, meinem Lieblingsauflauf. Auch Mutter scheint guter Stimmung zu sein. «Schnell Hände waschen, Schatz, der Tisch ist schon gedeckt!» Auch Vater und mein älterer Bruder sind schon in der Küche versammelt, als ich hinzukomme. Bevor ich von meinem Glück erzählen und um Ausgang für den Nachmittag bitten kann, beginnt Vater: «Heute müßt ihr mir alle die Daumen drücken, ja? Um sechs Uhr wird Premiere sein – und heute habe ich mein erstes Trompetensolo zu spielen!» O Schreck, das hatte ich völlig vergessen. Wir sollten heute ins Konzert, vorher noch baden und dann – schön ausstaffiert – drei Stunden im großen Musiksaal hocken... Nicht, daß ich Vaters Trompetenspiel nicht gern mögen würde – daheim spielt er manchmal sogar lustige Stücke, aber diese ewig langen Konzerte mag ich wenig. Und ausgerechnet heute!

Ich wage nicht mehr, den Mund aufzumachen. Zu groß ist Mutters Stolz, zu erwartungsvoll ist die Stimmung meines Bruders, und zu aufgeregt ist Vater, als daß ich jetzt mit Sonderwünschen kommen dürfte. Stunde um Stunde grübele ich nach einem Ausweg. Endlich – in der Badewanne kommt mir eine rettende Idee, von der ich meine, daß sie, wenn ich es nur geschickt anstelle, niemanden verärgern wird.

Vater ist bereits zur Philharmonie vorgefahren. Mutter und wir Geschwister gehen erst zur Aufführung hin. Vor dem prächtigen Musikgebäude herrscht dichtes Gedränge. Einige reißen sich noch um die letzten freien Karten, andere begrüßen Verwandte und Freunde. Wir strömen mit den ersten Gästen in den Saal. Endlich geht das Licht aus, und der Dirigent wird vom Publikum mit stürmischem Applaus begrüßt. Als er den Taktstock hebt, schließt Mutter selig die Augen. Das ist meine Chance!

Meinem Bruder, der neben mir sitzt, raune ich zu: «Abraham, bitte nichts sagen, ja? Es ist alles in Ordnung!» Dann gleite ich von meinem Sitz und schleiche mich gebückt zu einem der hinteren Ausgänge. Erleichtert laufe ich den Weg zur alten Brücke hinunter. Nur wenige Minuten später stehe ich in der kleinen Gasse vor dem Haus der Familie Glik.

Welch andere Stimmung strömt heute aus der geöffneten Tür. Zwei lange dünne Männer spielen vergnügt auf einer Geige und einer Klarinette, mehrere Erwachsene klatschen dazu im Takt, ein paar kleine Kinder tollen zwischen den Beinen der Erwachsenen. In der Mitte sitzt die kleine Chaja aufrecht in ihrem Bettchen, mit geröteten Wangen, aber klaren und lebendigen Augen. Sie bemerkt mich als erste: «Hirsch, sieh mal – das Mädchen!» Dabei zeigt sie mit dem Finger auf mich.

Plötzlich sind alle Augen auf mich gerichtet. Auch die beiden Musiker unterbrechen ihr Spiel. Mir wäre die Situation sicher schrecklich peinlich gewesen daheim, aber Hirsch sagt liebevoll und ganz selbstverständlich: «Das ist Sonia!» Seine Mutter nimmt mich als erste bei der Hand: «Du hast aber ein schönes Kleid an, Kind!» meint sie bewundernd. «Ich freue mich, daß du wiedergekommen bist zu meinem Jungen», sagt der Vater, der trotz seiner abgetragenen Kleidung Würde und Autorität ausstrahlt.

Dann klatscht die Mutter in ihre Hände: «So sind die Musiker! Immer wollen die gleich Pause machen! Los – noch ein Lidele!!» Mir flüstert sie zu: «Das sind meine beiden Brüder, mit denen kann ich so reden – hast schon mal gehört: die berühmten Brüder Weinermann?» Sie lacht, kneift ihrer kleinen Tochter in die Wangen und klatscht übermütig weiter. Ich sitze still neben Hirsch. Auch er beteiligt sich nicht und schmiegt sich nur vorsichtig mit dem Rücken an mich...

Als es schon später ist, bekommen zwei Nachbarn der Familie unerwartet Streit miteinander. Erst versuchen ihre Frauen noch zu schlichten, aber bald keifen auch sie sich an. Es geht um einen Tauschhandel, aber Genaues kann ich nicht verstehen. Bis jetzt habe ich die Szene eher mit Neugier betrachtet. Plötzlich hat jedoch einer der beiden Männer ein blitzendes Messer in der Hand. Im selben Augenblick wird es ruhig im Raum, und alle starren auf den wutschnaubenden Kerl. Der Vater von Hirsch hatte bis jetzt auf Chajas Bettkante gesessen, die zum Glück längst eingeschlafen ist. Nun erhebt er sich in aller Ruhe und spricht zu dem Tobenden: «Mach dich nicht unglücklich, Leo – gib mir dein Messer!» Doch jener scheint zunächst nur noch mehr angestachelt: «Aus dem Weg, Wolf, das geht dich nichts an!!» Dabei springt er auf seinen Gegner zu, der gerade noch ausweichen kann. Der Vater von Hirsch ist bestimmt zwanzig Jahre älter als der Kerl – und schwächer ist er ganz sicher.

Sein Mut beeindruckt nicht nur mich tief. Wolf Glik, ein gebeugter, schmächtiger Mann, stellt sich zwischen die beiden kräftigen Raufbolde und streckt die offene Hand aus: «Das Messer, Leo – und wir werden morgen über den Streit sprechen!»

Keiner wagt zu atmen. Der kräftige Kerl ringt offensichtlich schwer mit sich. Schließlich schleudert er dem Vater das Messer vor die Füße und verläßt türenknallend die enge Stube. «Morgen wird er wieder gut sein», sagt der Vater von Hirsch und bückt sich, um das Messer aufzuheben. Eine Feierstimmung will nun jedoch nicht mehr aufkommen. Einer nach dem anderen macht sich auf den Heimweg, mehrere danken dem Vater beim Abschied.

Siedendheiß fällt mir ein, daß ich völlig vergessen habe, auf die Zeit zu achten. Bestimmt ist das Konzert längst zu Ende. «Ich muß ganz schnell los!» rufe ich nur Hirsch noch zu. Schon bin ich draußen und haste den dunklen Weg zur alten Brücke entlang. Natürlich muß ich auch noch in einem der vielen Drecklöcher auf dem Weg ausrutschen. Aber das ist nun auch egal, denke ich. Hauptsache, die Eltern haben nicht etwa die Polizei alarmiert. Bei der Philharmonie brennt zwar noch Licht, aber die Besucher sind alle schon weg. Ein Pförtner schließt gerade das Hauptportal. Ohne anzuhalten, renne ich weiter durch die Altstadt bis zu unserem Haus. Ich stürze durch die Tür und den Flur ins Wohnzimmer: Vater, Mutter, mein Bruder – alle starren mich wie entgeistert an. Als erster reagiert Abraham: «Mensch, Sonia, du hast uns vielleicht einen Schrecken eingejagt!»

Mutter sagt nur: «Kind!» Dann noch einmal: «Kind, nein!», bevor sie zu schluchzen beginnt. Vater geht liebevoll auf mich zu und nimmt mich lange in den Arm. «Wie war dein Konzert?» frage ich ihn nach einer ganzen Weile. Er lächelt: «Wunderschön, du hast was versäumt!» Was ist er doch für ein Schatz! Und ich hatte solche Angst vor Strafe. «Wo warst du denn nur, Sonia?» fragt er aber dann doch. Soll ich es sagen? Doch, denke ich, jetzt muß es heraus. «Ich war bei meinem Freund vom Zeltlager!»

Bevor Vater weiterfragen kann, fährt Mutter dazwischen: «Nein, nein, nein, das darf ja wohl nicht wahr sein! Ausdrücklich habe ich dir den Umgang verboten!» Zu Vater sagt sie:

«Weißt du, der Sohn von dem alten Lumpensammler Glik!»
Vater schüttelt den Kopf. Er kann sich Namen nie merken.
«Na, die ganze Mischpoche⁵ wohnt da unten in den Gassen auf
der anderen Seite des Flusses, das reicht ja wohl!» Vater zuckt
die Achseln. «Vielleicht trefft ihr euch lieber mal hier?» meint
er dann zu mir. Bevor ich meine Freude ausdrücken kann, ist
schon wieder Mutter davor: «Das kommt nicht in Frage! Da ist
doch alleweil Mord und Totschlag! Nein, das lasse ich nicht
zu!!» Warum ist sie nur so hartherzig? Sie kennt doch den
Jungen kaum. Als ich später am Abend in meinem Bett liege,
spüre ich wieder die Wärme von Hirschs Rücken, als wir vorhin
beieinandersaßen. Ich sehe seine lieben Augen vor mir – und
weiß, daß mich Mutter nicht davon abhalten wird, ihn wiederzusehen . . .

Bald finden wir auch eine Möglichkeit, wie wir uns zwei-,
manchmal sogar dreimal in der Woche sehen können, ohne daß
ich den Weg nach Klein-Schnippischok machen muß. In der
Nähe, wo ich wohne, hat auch der Klassenlehrer von Hirsch
sein Zuhause. Herr Alitzki ist noch ein junger Mann von
höchstens fünfundzwanzig Jahren, den fast alle Kinder sehr
mögen und manche sogar bei seinem Vornamen Moshe rufen
dürfen. Ich kenne ihn nur vom Sehen, denn ich gehe nicht auf
die Wilnaer Volksschule «Achad Ha'am»⁶, sondern auf ein
Mädchenlyzeum. Herr Alitzki hat genauso braune Locken wie
Hirsch, sie sind nur noch ein ganzes Stück länger. Er ist nicht
verheiratet, trägt gern bunte Hemden und Jacken und wohnt
bei einer dicken Frau zur Untermiete. Dann weiß ich noch von
ihm, daß er neben seiner Arbeit als Lehrer häufiger für eine
jüdische Jugendorganisation Ausflüge und Wandertage durchführt.

Herr Alitzki hat sich in den Kopf gesetzt, daß Hirsch, der einer seiner besten Schüler ist, auf ein Gymnasium gehen soll, damit er später einmal studieren kann. Deshalb gibt er ihm, sooft es seine Zeit erlaubt, umsonst am Nachmittag Förderstunden zu dem Stoff, der an der Volksschule nicht gelehrt wird.

So können wir uns leicht entweder vor oder nach dem Unterricht im nahen Park oder auch einem der vielen unübersichtlichen Höfe in der Nachbarschaft treffen. Schwierig wird es erst, als der Winter sich mit kalten Winden und Schneetreiben bemerkbar macht. Während mich ein dicker Wollmantel wärmt, zieht dem armen Hirsch die Kälte durch die wenigen dünnen Sachen bis auf die Haut. Von Abraham, meinem Bruder, der als einziger der Familie von unseren Treffen weiß, habe ich zwar schon einen dicken Pullover bekommen können, aber das reicht bald auch nicht mehr aus.

Es muß an einem solchen Tag gewesen sein, als Herr Alitzki den halberfrorenen Hirsch zu Beginn des Unterrichts direkt fragt, warum er sich bei der Hundekälte so lange draußen aufhalten würde – und Hirsch schließlich sein Herz ausschüttet. Moshe Alitzki ist empört. «Ja, wo leben wir denn – im Mittelalter?» ruft er mehr als einmal. Und in jugendlichem Leichtsinn beschließt er, so bald als möglich mit meiner Mutter zu reden.

Er meldet sich bereits wenige Tage später zu einer privaten Aussprache bei Mutter an – und neugierig, wie sie ist, kann sie nur schwer abwarten, was der attraktive junge Mann, dem alle unverheirateten Mädchen nachschauen, gerade ihr «Privates» zu sagen hätte.

Ich kann ebenfalls seinen Besuch kaum erwarten. Wie befürchtet, schickt mich Mutter, kaum hat der Gast im Wohnzimmer Platz genommen, hinaus und schließt die Tür. Ich versuche zu lauschen, aber die beiden reden so leise, daß ich kaum etwas verstehen kann. Lange Zeit vernehme ich die gedämpfte eindringliche Stimme von Herrn Alitzki. Einmal verstehe ich Mutters erstaunten Ausruf: «Auf ein Gymnasium?» Irgendwann scheint Herrn Alitzkis Geduld am Ende, denn er ruft empört aus: «Ja, wissen Sie wirklich nicht, gnädige Frau, daß Herr Glik zu den Lamed-Wownik gehört?» Donnerwetter, das hatte ich auch nicht gewußt: Vom Religionsunterricht her kenne ich aber die Bedeutung des fremd klingenden Wortes – ein Lamed-Wownik ist einer der sechsunddreißig Gerechten, derentwegen Gott die Welt trotz aller Sünden weiter bestehen läßt. Und zu denen wird Hirschs Vater in Wilna gezählt!

Trotzdem geht das Gespräch erneut noch eine ganze Weile gedämpft weiter. Ich bin bereits so unaufmerksam beim Zuhören geworden, daß ich um ein Haar zu spät bemerke, daß das Gespräch beendet ist und Mutter auf die Tür zusteuert. Im letzten Augenblick kann ich vom Schlüsselloch wegspringen.

«Ich danke Ihnen für Ihre Bemühung», sagt Mutter zum Abschied. Ihrem Gesicht kann ich nichts entnehmen. Doch Herr Alitzki zwinkert mir kaum merklich zu, bevor er sich wieder höflich Mutter zuwendet: «Es war mir ein Vergnügen!»

Ich platze vor Neugier. «Und, Mama?» frage ich aufgeregt. Sie bleibt ernst: «Ich werde mit Vater darüber sprechen...» Na immerhin, denke ich mir. Ab jetzt ist Herr Alitzki ein Held für mich!

Es dauert jedoch noch bis zur Bar Mizwa[7] von Hirsch, bis Mutter mich eine klare Entscheidung wissen läßt. Inzwischen haben wir das Jahr 1935, und Hirschs dreizehnter Geburtstag naht. Die Einladungskarten für seine Bar-Mizwa-Feier hat er selber gemalt, und eine besonders schöne habe ich erhalten. Nun gibt es kein Ausweichen mehr. Noch am selben Tag zeige ich meiner Mutter die Karte. Seit dem Gespräch mit Herrn Alitzki ist Mutter manchmal sehr nachdenklich. Öfter habe ich bemerkt, wie sie mich lange und ernst anschaut, ohne etwas dabei zu sagen. Jetzt spricht sie mit ungewohnt sanfter Stimme: «Weißt du, Sonia, auch Erwachsene wissen nicht immer alles. Versprich mir nur, daß du immer gut auf dich aufpaßt, ja?»

Seit einigen Jahren ist dies der schönste Moment, den ich mit Mutter teile. Warum hat sie diese liebevolle Sanftheit, die ich jetzt bei ihr spüre, nur so oft vor mir verborgen? «Mama, was wünschst du dir am meisten im Leben?» frage ich sie aus einem spontanen Gefühl heraus. «Vielleicht etwas sehr Ähnliches wie du, mein Kind...», sagt sie kaum hörbar...

Das Jahr 1935 vergeht in Harmonie und mit vielen erfreulichen Begebenheiten. Irgendwann darf ich Hirsch auch zu mir nach Hause einladen. Abraham und Hirsch verstehen sich auf Anhieb und tauschen öfter Bücher aus, die sie gerade gut finden.

Am Jahresende kündigt sich jedoch ein Unglück an. Hirschs Vater hat mit seinem Handkarren an einem abschüssigen Weg die Balance verloren. Während er stürzte, ist der Wagen über sein rechtes Bein gerollt: ein komplizierter Bruch, der jetzt schon seit Wochen nicht richtig heilen will, sich immer wieder entzündet und den Vater mit Schmerzen und Fieber ans Bett fesselt.

Kaum noch kann Hirsch seinen Förderunterricht bei Herrn Alitzki wahrnehmen, denn er ist es nun, der für die Familie Geld verdienen muß. Ohne daß ich sie darum bitte, stellt Mutter ab und zu große Eßpakete für die Familie Glik zusammen – aber es reicht trotzdem hinten und vorne nicht.

«Du mußt lernen, Junge», beschwört Herr Alitzki immer

wieder Hirsch: «Wissen ist der einzige Besitz, der einem nie geraubt werden kann!» Aber Hirsch könnte nicht mit ansehen, wie sein kranker Vater, seine Mutter oder gar die geliebte kleinere Schwester Hunger leiden, während er dem Studium nachginge.

«Tu es nicht, Hirsch!» sagt Herr Alitzki mehr als einmal. Jedoch im Frühjahr 1936 ist es unwiderruflich: Hirsch geht von der Volksschule ab, um einen Beruf zu erlernen. Obwohl das Schuljahr noch nicht zu Ende ist, findet er mit vierzehn Jahren

Papiergeschäft in der Pilsudski-Straße, davor Lea Müller

eine Lehrstelle im Papierwarengeschäft von Lea Müller in der Wilnaer Pilsudski-Straße. Und damit beginnt ein völlig neues Kapitel in seinem Leben...

Vorahnungen aus Deutschland

Lea Müller war nicht die erste junge jüdische Frau, die kurz nach 1933 Deutschland verlassen hatte, weil sie dort Arbeit und – wie ein Gerücht lautete – auch ihren nichtjüdischen deutschen Geliebten verloren hatte. In jenem Jahr war dort ein gewisser Adolf Hitler[8] zum «Führer» des deutschen Volkes ernannt worden und hatte kurz darauf alle politischen Gegner, vor allem Kommunisten, später auch Sozialdemokraten und viele Juden aus Ämtern entlassen, verhaftet und manche gar ermordet.

Ihr einziger Onkel war kurz nach ihrer Ankunft in Wilna verstorben, hatte ihr aber immerhin sein Papiergeschäft vererbt. Dieses hatte nun Lea Müller mit einigem Erfolg weiter ausbauen können und irgendwann stolz ihren eigenen Namen draußen über dem Schaufenster anbringen lassen. Neben den üblichen Schreibwaren und Kartonagen hatte sie auch eine kleine Leihbücherei in einer Ecke ihres Ladens aufgebaut, wo selbst die ärmsten Leute für wenig Geld, manchmal auch umsonst, wertvolle Bücher ausleihen konnten.

Hatte schon sein Lehrer Moshe Alitzki bei Hirsch die Begeisterung fürs Lesen und spannende Bücher wecken können, so war es, glaube ich, Lea Müller, die ihn als erste anregte, es doch selbst einmal mit dem Schreiben zu versuchen. Einerseits mußte er hart anpacken bei ihr, sämtliche Lieferungen vom und zum Bahnhof schleppen, das Lager sortieren und immer wieder Botengänge machen. Andererseits ließ sie ihn, wann immer er wollte, noch nach Feierabend im Laden, wo er bei elektrischem Licht, das es in Klein-Schnippischok nicht gab, so lange lesen und schreiben konnte, wie er mochte. Lange Zeit zeigte Hirsch niemandem seine ersten Gedichte und Texte, vielleicht höchstens einmal Lea Müller.

Ehrlich gesagt, war ich eine Weile sehr eifersüchtig auf sie. Das fing im Sommer 1936 an. Es war an einem wunderschönen, warmen Abend, als ich mal wieder gegen neunzehn Uhr zur Pilsudski-Straße schlenderte. Ich war voller Vorfreude, Hirsch nach der Arbeit zu sehen und vielleicht noch ein bißchen mit ihm am Fluß spazierenzugehen.

Am Vortag hatte er mich vertröstet, weil er noch im Lager Überstunden zu machen hätte. Jetzt sehe ich, daß zwar schon das große Schaufensterrollo heruntergelassen ist, aber dahinter noch helles Licht brennt. Bevor ich läute, damit er mir die Ladentür aufschließt, spähe ich kurz durch den kleinen Spalt von Rahmen und Rollo in das Ladeninnere – und erstarre: Lea, die erwachsene Frau, hat ihren Arm um die Schulter von Hirsch gelegt, und beide beugen sich still über ein Buch oder Heft auf dem Ladentisch. Hirsch trägt nur ein Unterhemd zu seinen kurzen Hosen, wobei er mit seinen vierzehn Jahren gar nicht mehr wie ein Kind aussieht. An seinen braunen Beinen zeigen sich erste männliche Haare. Lea hat ihren Kittel abgelegt, und ich sehe jetzt ein kurzärmeliges Kleid mit einem Riesenausschnitt, wie ich finde. Noch einmal starre ich durch den Spalt – noch greller als beim ersten Mal sehe ich jetzt die helle Haut ihres schlanken Arms auf Hirschs sonnengebräunter Schulter. Nur das, nichts anderes nehme ich mehr wahr...

Auf der Stelle laufe ich nach Hause, verwirrt, aufgewühlt, auf unbekannte Art verletzt. War er denn sonst auch irgendwie anders in der letzten Zeit? Habe ich etwas falsch gemacht, ihn gelangweilt oder geärgert? Vielleicht habe ich ihn auch zu sehr bedrängt? Er muß schließlich den ganzen Tag arbeiten, während ich mittags meistens Schulschluß habe. Oder hat er sich tatsächlich in eine erwachsene Frau verliebt? Was macht er mit ihr, was er nicht mit mir kann?

Heute tut es mir leid, wie ich mich am nächsten Tag dir gegenüber benahm, Lieber. Aber da ich mir vorgenommen habe, alles so ehrlich, wie ich kann, aufzuschreiben, darf ich mein Verhalten damals und in den kommenden Monaten hier nicht verschweigen: Es ist schon etwas nach neunzehn Uhr, als ich am nächsten Abend in die Pilsudski-Straße einbiege. Ich habe den ganzen Nachmittag überlegt, wie ich das, was ich gestern gesehen habe, zur Sprache bringen kann, aber bisher habe ich keine überzeugende Lösung gefunden. Außerdem hoffe ich, daß Lea Müller nicht dabei ist, wenn wir uns begegnen. Der letzte Wunsch geht in Erfüllung. Fast stoßen wir an der Straßenecke zusammen. «He, Sonia, da bist du ja schon. Ich wollte dir gerade entgegengehen», platzt Hirsch als erster hervor. «Ja, wirklich?» sage ich in einem blöden Tonfall, den ich sonst an meiner Mutter auch nicht mag. «Wieso wirklich?» fragt Hirsch verunsichert. Ich bleibe stumm und gucke beleidigt. «Was ist denn los?» bohrt er nach. «Und überhaupt – wo warst du denn gestern, Sonia?» – «Wo soll ich schon gewesen sein?» gebe ich nicht weniger giftig als beim ersten Mal zurück. Jetzt bleibt Hirsch stumm. Ach, wenn ich damals doch schon ein wenig reifer gewesen wäre! Nun muß ich meinem dummen Gequatsche doch tatsächlich noch die Krone aufsetzen: «Meinst du, ich habe nicht gesehen, wie du gestern abend mit der blöden Müller zusammengehockt hast» – jetzt überschlägt sich meine

Stimme gleich – «und sie dich in ihren fetten Ausschnitt hat schauen lassen?» Hirsch steht wie geohrfeigt da. Er faßt meinen Ausbruch relativ sachlich zusammen: «Du spinnst, Sonia!» Ich merke aber, daß er tief getroffen ist.

Doch nun habe ich all mein Pulver verschossen und fühle mich entsetzlich leer. Was kann man jetzt sagen – in so einer Situation? Als Hirsch zärtlich nach meinem Arm greifen will, reiße ich mich los und laufe, so schnell ich kann, davon...

Ich lasse mich längere Zeit nicht mehr bei ihm sehen. Dabei bin ich ihm schon lange nicht mehr böse. Eher schäme ich mich für mein giftiges Verhalten. Bestimmt war es damals wirklich nur zu heiß gewesen, und deshalb hatten die beiden in dem stickigen Laden ihre Jacken abgelegt, und außerdem – Lea Müller ist fünfzehn, wenn nicht zwanzig Jahre älter als Hirsch...

Obwohl Wilna wirklich keine Großstadt ist, schaffen wir es irgendwie, uns in den nächsten Monaten auch nicht einmal zufällig zu begegnen. Erst Anfang 1937 höre ich – und auch jetzt nur über einen Umweg – etwas von Hirsch. Und das kommt so:

Bereits als kleines Kind habe ich gern gesungen und Theater gespielt. Ab Februar 1937 erlaubt mir Mutter, zu einer der zahlreichen kleinen jiddischen Theatergruppen zu gehen, die zumeist auch Kinder- und Jugendkreise haben. Unsere Theatergruppe weist nun eine ganz besondere Attraktion auf: Der aus Deutschland emigrierte berühmte jüdische Schauspieler Alexander Granach[9] hat Wilna als Zwischenstation gewählt, bevor er, wie er immer wieder verkündet, nach Hollywood in Amerika gehen wird, um dort Filmstar zu werden. Ihm müssen die Nazis schon schrecklich mitgespielt haben, denn er wird nicht müde, uns Juden im Osten Europas zu warnen: «In Europa ist heute kein Jude mehr sicher! Hitler hat in aller Öffentlichkeit verkündet, daß er die Juden überall in Europa vernichten will – nur daß ihn bis jetzt kaum jemand ernst nimmt! Ich habe bereits in einem KZ bei ihm gastieren dürfen – ich weiß, wovon ich rede!!»

Er spielt in einem Theaterstück einen erniedrigten jüdischen Medizinprofessor, der 1933 aus allen Ämtern gejagt wird. Das Stück trägt den Titel «Der gelbe Fleck».[10] Ich sehe das erste Mal Männer in braunen Nazi-Uniformen auf der Bühne vom Wilnaer Jiddischen Theater. Aber es bleibt doch noch Theater für mich – zu grausam ist das Geschehen auf der Bühne – das Brüllen, Schreien und Prügeln –, als daß ich mir das in der Wirklichkeit vorstellen könnte. Dabei sollte die Realität noch viel schlimmer werden...

Regelmäßig liest Alexander Granach auch aus Werken unbekannter Künstler. Da er wirklich wunderschön vorlesen kann mit seiner tiefen brummigen Stimme, gehe ich sehr gern zu diesen Nachmittagen, die manchmal im Theater, manchmal auch im Jugendzentrum stattfinden.

Es ist schon Frühjahr, als ich mit meiner alten Freundin Dalia etwas verspätet in der letzten Reihe des überfüllten Vorlesesaales des Wilnaer Jugendzentrums noch zwei Stehplätze erspähe. Von da aus können wir wegen der größeren Jugendlichen vor uns zwar den berühmten Schauspieler nicht sehen, aber doch immerhin seine Stimme hören.

«... und so komme ich zu einem Gedicht, das wohl der jüngste der Wilnaer Dichter verfaßt haben dürfte. Es lautet: Sieben Wölfe!»[11] Er macht eine kleine Pause, in der es mucksmäuschenstill im Saal wird. Ich kann das Gedicht leider nicht mehr auswendig. Aber es handelt von dem Leben eines armen Mannes, der in der Stadt Lumpen und Eisen sammelt und alles auf seinen kleinen Handkarren lädt und damit jeden Tag aufs Land zieht, um es einzutauschen gegen zwei Eier, mal ein Huhn, ganz selten sogar ein Zicklein. Zu Hause hungern seine Kinder, und nicht selten kommt der Mann ohne etwas Eßbares heim. Dann weinen die Kinder, der Mann und die Frau. Aber es gibt kein Entkommen. Denn jede Woche hat sieben Tage. Und jeden Tag neu quälen der Hunger und die mühsame Arbeit, es gibt kein Entrinnen – sieben Tage lauern wie sieben Wölfe...

Als der Schauspieler geendet hat, bricht nicht wie sonst sogleich der Applaus los, sondern alle blicken stumm und betroffen nach vorne oder zu Boden. Auch ich habe Tränen in den Augen. Dalia flüstere ich zu: «Wie der Vater von Hirsch...» Erst als Alexander Granach leise sagt: «Ein kleines Meisterwerk!», gibt es langanhaltenden Beifall. Eine junge Mutter aus der ersten Reihe meldet sich: «Bitte, Herr Granach, wie heißt denn der junge Künstler?» Der Schauspieler fährt sich bedächtig mit einer Hand durchs Haar: «Nur unter der Bedingung, daß ich nicht seinen Namen nenne, durfte ich dem jungen Mann einige Werke entreißen. Und so halte ich gewiß mein Wort. Lassen Sie mich aber doch die Mitteilung machen, daß dieser Dichter sein sechzehntes Lebensjahr noch nicht vollendet hat!» Da endlich dämmert es mir – das muß ein Gedicht von Hirsch gewesen sein. «Noch nicht das sechzehnte Lebensjahr vollendet», hat der Schauspieler gesagt – Hirsch ist genau fünfzehn Jahre alt!

Den Rest der Vorstellung nehme ich kaum noch richtig wahr. So viele Erinnerungen kommen mir hoch an die Zeit mit Hirsch, daß ich ihn am liebsten noch heute abend in Klein-Schnippischok besuchen würde. Aber vielleicht hat er inzwischen eine neue Freundin – oder will erst mal von Mädchen gar nichts mehr wissen? Immerhin sind einige Monate vergangen, seit ich ihn so schlecht behandelt habe und dann einfach stehenließ...

Dalia ist wesentlich praktischer veranlagt als ich: «Da mußt du ihn eben mal fragen, nicht?» meint sie schlicht. Als sie mein ratloses Gesicht sieht, ergänzt sie noch: «Nun komm, es gibt ja schließlich noch andere Jungen, oder?» Dalia ist eine zuverlässige Freundin, aber wie es in meiner Seele aussieht, davon hat sie keine Ahnung. Plötzlich weiß ich, wen ich um Rat fragen kann...

Schlägerei in Wilna

Moshe Alitzki hat heute ein leuchtendrotes Hemd an, das bis unter die Brust geöffnet ist. Dafür hat er ein dunkelblaues Tuch um den Hals. Die beiden Enden des Tuchs verschwinden hinter seiner dunklen Löwenmähne. Ob Hirsch auch einmal so aussehen wird, wenn er ein erwachsener Mann ist?

Er lacht, als er mich sieht, und ruft seiner dicken Wirtin freundlich zu: «Ich habe hohen Besuch – bitte zwei Gläser Limonade!» Wie schafft er es nur, so viele Menschen froh zu machen? Als ich die Treppen zu seiner Wohnung hochstieg, dachte ich noch hin und her, ob ich ihn überhaupt nach Hirsch fragen dürfte. Jetzt, wo ich seine strahlenden Augen und seinen fröhlichen Mund sehe, spüre ich, daß ich hier genauso sein darf, wie ich bin – genau das sagen darf, was ich denke...

Trotzdem beginne ich mit einem leichten Stottern: «Ich... ich wollte fragen, ob Sie wissen, wie es Hirsch geht?» – «Vor einer halben Stunde hättest du ihn hier treffen können», grinst Moshe Alitzki schelmisch. «Ach, er hat wieder Förderunterricht bei Ihnen?» – «Nein, Sonia, so kann man das wohl nicht nennen. Hirsch hat leider alle Ambitionen für ein Universitätsstudium aufgegeben...»

«Aber warum kommt er dann wieder zu Ihnen?» frage ich nach. «Seit ihr nicht mehr zusammen seid, Sonia, ist Hirsch öfter an den Abenden zu meiner Jugendgruppe des Hashomer Hazair[12] gekommen. Außerdem ist er noch einer jungen Schriftstellergruppe beigetreten. Das ist doch schön, nicht?» Eine weitere Frage liegt mir noch auf der Seele: «Wissen Sie, Herr Alitzki», beginne ich wieder umständlich, «wissen Sie... ob Hirsch eine neue Freundin hat?» Jetzt schaut Moshe Alitzki doch ernst aus: «Das kann ich dir nicht sagen, Sonia, das mußt du verstehen. Sieh mal, Hirsch war damals sehr traurig über deine Vorwürfe, das weiß ich...» Und nach einer Pause: «Liebe bekommt man nur geschenkt oder gar nicht, weißt du? Sie ist kein Besitz, kein Eigentum, nichts Käufliches... aber das verstehen nur die wenigsten...» Bei seinen letzten Worten blitzt eine tiefe Verwundung in seinen sonst so fröhlich strahlenden Augen auf. Obwohl er doch sicher fast jedes hübsche Mädchen in der Stadt haben könnte, spüre ich eine tiefe Einsamkeit hinter all seiner sonst so wohltuenden Offenherzigkeit. Warum nur?

Bevor ich gehe, äußere ich doch noch eine letzte Bitte: «Darf ich Sie auch Moshe nennen?» – «Aber nur, wenn du nächsten Mittwochabend zum Hashomer Hazair kommst!» antwortet er bereits wieder lachend. «Kommt Hirsch auch?» – «Was denkst du denn!»

Sehr erleichtert, aber doch auf freudige Weise aufgeregt, sehe ich dem Mittwoch in einer Woche entgegen. Ich bin überpünktlich und gehöre zu den ersten, die sich in dem Raum, der mit allerlei Pfadfinderattributen geschmückt ist, versammeln.

Um acht Uhr betritt auch Moshe Alitzki den Raum – aber

Hirsch ist weit und breit nicht zu sehen! Ich schaue ihn fragend an. Auch Moshe zuckt die Achseln. Zur Eröffnung singen alle ein Lied. Aber ich höre kaum hin, überlege nur, ob er nicht gekommen ist, weil er Wind davon bekommen hat, daß ich heute da bin?

Noch bevor alle Strophen des Liedes gesungen sind, fliegt die Tür auf, und Hirsch stürzt mit zwei anderen Jungen herein. Bei ihrem Anblick bricht das Lied sofort ab – ich halte mir erschrocken die Hand vor den Mund, um nicht aufzuschreien: Hirsch hat eine klaffende Wunde an der Lippe und am Hinterkopf, soweit ich erkennen kann. Blut tropft auf sein blaues Hemd aus beiden Wunden. Der zweite Junge trägt ein völlig zerrissenes Hemd, ein Ärmel fehlt, und der ganze Hemdrücken ist aufgeschlitzt. Nur dem dritten Jungen ist von außen nichts anzusehen, obwohl er den rechten Fuß leicht nachzieht.

Sofort umringen alle die drei: «Was war los? Nun sagt schon!» Der mit dem hinkenden Bein beginnt zuerst: «Die haben uns aufgelauert – ganz in der Nähe vom ‹Schulhof›!» – «Wer war das?» empört sich ein dicker Junge. «Die machen wir fertig!!» Jetzt geht Moshe bedächtig dazwischen und untersucht zuerst, ob alle Knochen bei den Jungen heilgeblieben sind. Dann bekommt Hirsch einen kalten Umschlag für die Kopfwunde. Der dritte Junge wehrt ab, weil er nur leichte Kratzer hat.

Dann fährt der erste Junge fort: «Wir waren auf dem Weg zu unserem Treffen hier. An der südlichen Ecke zum ‹Schulhof› gleich bei der Synagoge – da standen sie: vielleicht acht oder neun litauische Studenten, ich habe sie an den Mützen erkannt. Ich sage noch zu Hirsch: ‹Wenn die bloß keinen Ärger machen!› Und richtig! Kaum sind wir so auf fünf, sechs Meter ran – wir mußten ja an denen vorbei –, da ruft uns der eine zu:

‹Weißt du, daß deine Mutter eine jüdische Hure ist?› Ich sag wieder: ‹Komm, einfach weiter – wir antworten gar nicht!› Aber da schreit der schon wieder: ‹He, Itzig, du sprichst wohl nicht mit jedem?› Zu Hirsch und Jakob sag ich noch leise: ‹Achtung, wir flitzen!›, und laut rufen wir: ‹Halt die Schnauze, du Nazi!› Aber da kommen wir einfach nicht mehr schnell genug weg. Und als Jakob auch noch hinfällt, können wir ihn doch nicht im Stich lassen...»

Er ist völlig außer Atem von seinem Bericht. Jakob ergänzt noch: «Mensch, das waren Studenten – achtzehn- oder neunzehnjährige Burschen!» Hirsch sagt die ganze Zeit kein Wort, hält sich nur das Tuch an den Kopf.

«Und was unternehmen wir jetzt?» wollen die Jungen und Mädchen vom Hashomer Hazair von Moshe wissen. «Denkt mal nach – was ist unser Ziel?» fragt Moshe zurück. «Unser Ziel ist, dieses ganze Elend hier hinter uns zu lassen und ins Gelobte Land zu gehen!!» sagt ein zierliches Mädchen, das bestimmt zwei Jahre jünger ist als ich. «Aber das müssen wir doch der Polizei melden!» wirft ein anderes Mädchen ein. Jetzt ist wieder der Dicke dran: «Was meinst du wohl, auf wessen Seite die polnische Polizei ist? Nachher heißt es wieder, wir hätten angefangen!!» Auch Moshe nickt ernst: «Skrolik hat recht: Es ist traurig, aber wahr. Ich glaube auch nicht mehr daran, daß wir bei der Polizei oder vor Gericht recht bekämen – geschweige denn die Täter eine Strafe. Nein, wir wollen alle Kraft auf unser Ziel verwenden. Deshalb gilt ab jetzt die Regel für alle: Kommt zu unseren Treffen nicht mehr allein oder in Gruppen mit weniger als fünf Freunden! Geht nur Hauptstraßen!»

Dann, leise, eher zu sich selbst: «Wenn die Pöbeleien nicht nachlassen, müssen wir Erwachsenen zurückschlagen, nicht ihr Kinder...» Es ist das erste Mal, daß Hirsch sich zu Wort meldet: «Wir sind keine Kinder mehr, Moshe!» Die Worte kommen so komisch aus seinem schiefen Mund, daß alle lachen müssen... Trotz des ernsten Anfangs wird es noch ein schöner Abend mit Vorlesen und Singen. Da der kleine Raum proppenvoll ist und Hirsch auch weiter den Kopf mit einem kalten Tuch bedecken muß, scheint er mich bis zum Schluß nicht bemerkt zu haben.

Bevor allgemeiner Aufbruch ist, erhält Hirsch von Moshe noch einen richtigen Kopfverband. Dann wird verabredet, welche von den Älteren die drei Verletzten nach Hause begleiten und mit den Eltern sprechen sollen, um sie zu beruhigen.

Als die Gruppe um Hirsch gerade aufbrechen will, springe ich schnell vor den Ausgang und strecke Hirsch meine Hand hin: «Gute Besserung, Hirsch!» An seinen weit aufgerissenen Augen sehe ich das Ausmaß seiner Überraschung. Seine Unterlippe ist inzwischen noch mehr angeschwollen. Kaum verständlich nuschelt er: «Schön, dich zu sehen!» Wir müssen beide lachen über die drollige Aussprache. «Darf ich dich morgen besuchen?» Er nickt. Überglücklich trete ich allein meinen Heimweg an. Moshes Regel habe ich bereits vergessen...

Gleich nach der Schule laufe ich mit einem Päckchen mit Obst und Kuchen in Richtung Klein-Schnippischok. Doch die Tür Nr. 118 ist fest verschlossen – er wird doch nicht zur Arbeit gegangen sein?

Als ich abends nach so langer Zeit das erste Mal wieder vor dem Laden in der Pilsudski-Straße stehe, habe ich doch ein komisches Gefühl im Magen. Bevor ich mich anders entscheiden kann, hat mich Lea Müller erspäht. Sie winkt, daß ich hereinkommen soll.

«Shalom, Sonia», sagt sie freundlich. «Hirsch wollte unbedingt zur Arbeit kommen. Aber jetzt zur Mittagszeit, wo doch nicht viel zu tun ist, konnte ich ihn überreden, sich hinzulegen und etwas auszuruhen. Wollen wir ihn noch einen Moment schlafen lassen?»

Ich nicke beklommen. Sie ist wirklich eine ganz nette junge Frau. Warum habe ich mich damals nur so dämlich benommen?

Sie gießt mir einen Tee ein. Nach einer Weile fragt sie mich leise: «Ist es schlimm, Sonia, wenn ich deinen Hirsch auch gern habe? Ich werde ihn dir bestimmt nie wegnehmen!» Ich bin ihr so dankbar, daß sie mit mir wie mit einer erwachsenen Freundin spricht – und nicht wie mit einem Kind. Noch immer kann ich nicht reden – aber ich schaue gerade in ihre Augen und drücke vorsichtig ihre Hand... Vielleicht wird Lea ja wirklich noch einmal meine Freundin?

Hirsch schläft tatsächlich bis zum späten Nachmittag. Ohne daß wir es lange verabreden müssen, helfe ich Lea im Laden. Als er verschlafen aus dem Hinterzimmer kommt, reibt er sich verwundert die Augen, wie er uns beide arbeiten sieht.

Lea stößt ihn freundschaftlich in die Rippen: «Los – ordentlich anziehen! Und dann geh nach Hause – du hast heute Damenbesuch!» Wir alle drei können unbeschwert miteinander lachen.

Der Spaziergang von der Pilsudski-Straße bis nach Klein-Schnippischok dauert bestimmt drei Stunden. Soviel haben wir uns zu erzählen von den vergangenen Monaten. Heute denke ich, daß wir erst auf diesem Weg begonnen haben, uns richtig kennenzulernen – und richtig zu verstehen.

Als wir vor seiner Haustür stehen, bittet er mich wieder wie selbstverständlich hereinzukommen. Doch ich weiß, daß ich auch seine Eltern, die mich damals so herzlich aufgenommen haben, verletzt haben muß. So bitte ich ihn, heute abend seinen Eltern erst einmal von unserem Wiedersehen zu berichten und mir ganz ehrlich das nächste Mal ihre Reaktion zu sagen.

Doch eine Frage habe ich noch: «Hirsch – hast du das Gedicht von den ‹Sieben Wölfen› geschrieben?» Erstaunt fragt er zunächst zurück: «Wer hat dir davon erzählt?» – «Ich habe es gefühlt, als ich es das erste Mal gehört habe – es ist ein sehr schönes Gedicht!» Ohne ein Wort zu sagen, schaut er mich wie früher lange an. Bevor er schließlich ins Haus geht, dreht er sich noch einmal um: «Müssen wir mit den Wölfen leben, Sonia?»

Der sechzehnte Geburtstag

Hirsch ist beileibe nicht der einzige Jugendliche, der die antijüdische Stimmung in Wilna erfährt – aber er grübelt tiefer und ernster als die meisten anderen von uns darüber nach... Mehr als einmal bleibt er während unserer gemeinsamen Spaziergänge plötzlich abrupt stehen, hält mich am Arm, fragt: «Warum, Sonia? Warum tut es manchen Menschen so sichtlich gut, andere zu quälen? Welche Befriedigung, welche Lust, welche Bestätigung erfahren sie dabei? Was nützt es, sie als Abschaum abzustempeln, sie vor einen Richter zu zerren, wenn wir nicht verstehen, warum sie es tun. Warum, Sonia?»

«Vielleicht, weil sie es so von anderen lernen oder weil sie in ihrer Gruppe nicht nachstehen möchten oder weil es schwer auszuhalten ist, daß wir anders sind?» Doch Hirsch unterbricht mich: «Aber Sonia, sind wir anders? Wir sind doch nur stolz auf unsere Tradition – und schließlich: Lassen wir die anderen denn nicht so, wie sie sind?»

Manchmal reden wir stundenlang. Ein anderes Mal sitzen wir nur stumm nebeneinander, hängen unseren tausend Fragen und wenigen Antworten nach. Hirsch hat immer einen der kleinen Taschenschreibblöcke aus Lea Müllers Sortiment mit, und nicht selten macht er sich nach langen Gesprächen Notizen oder schreibt gar einige Zeilen.

Eine Woche vor seinem sechzehnten Geburtstag im Jahre 1938 kommen Lea und ich auf die Idee, ihm im Laden eine richtige große Überraschungsgeburtstagsfeier auszurichten. «Der Junge soll nicht immer nur grübeln», kichert Lea bereits voller Vorfreude, als würde sie selbst erst sechzehn werden. «Wir werden hier etwas aufziehen, daß die Wände von Onkels altem Laden wackeln, was, Sonia?»

Hinzu kommt, daß die Lehrzeit von Hirsch zu Ende geht. Lea will ihm am Geburtstagsabend nicht nur seinen Gesellenbrief als Fachverkäufer im Papierhandel überreichen, sondern zugleich einen Vorschuß auf den dann vielfach höheren Lohn. «Wen wollen wir denn alles einladen?» will ich von ihr wissen. Soviel Platz ist in dem kleinen Laden nun auch wieder nicht. «Alle!» antwortet sie. «Wir räumen eben hier ein bißchen aus, nicht?»

Alle – das sind natürlich zuerst die Eltern von Hirsch, Wolf und Rachel Glik, sowie die Schwester Chaja, dann Moshe Alitzki und ein paar Jungen und Mädchen vom Hashomer Hazair. Meine Freundin Dalia soll auch kommen, entscheidet Lea. Wegen der Musik sollen die Brüder Weinermann, die beiden Onkel von Hirsch, gefragt werden.

«Was ist mit seinen Freunden aus der Gruppe junger Dichter?» fällt Lea zum Glück noch ein. Ich zucke die Schultern.

«Weißt du, wie die heißen?» frage ich Lea. «Keine Ahnung», gibt sie zurück. «Darüber spricht er ja fast nie. Aber warte mal – einer, ich glaube der Leiter, heißt Lejser Wolf. Vielleicht bekommen wir seine Anschrift heraus?»

Leider gibt es noch keine dicken Telefonbücher, wo man nur unter dem Namen hätte nachzuschauen brauchen. Dann kommt mir der Einfall, den Schauspieler Alexander Granach nach Lejser Wolf zu fragen. Vielleicht kennen die beiden sich. «Aber die sollen bloß dichthalten und Hirsch nichts vorher verraten», beschwört mich Lea noch, bevor ich mich auf den Weg mache. Tatsächlich erhalte ich von Herrn Granach die Anschrift von Lejser Wolf. «Was für eine reizende Idee», meint er nur. «Gern helfe ich mit der Anschrift – alles Gute dem begabten Dichternachwuchs!!»

Ohne mich vorher anzumelden, gehe ich zu der genannten Anschrift. Die Tür wird von einem freundlichen kleinen Mann mit schütterem Haar geöffnet. Bevor ich grüßen kann, spricht er mich an: «Du bist Sonia, nicht?» Oje – hat etwa schon jemand unseren Geburtstagsplan verraten? Doch mit dem nächsten Satz beruhigt er mich sogleich: «Hirsch hat dich so genau beschrieben, daß ich schon ein Bild von dir hatte... Aber nun komm erst einmal herein!» Über einen dunklen Flur gehen wir bis zu einer Stube, deren Tür nur angelehnt ist. Bevor er die Tür weiter öffnet, bedeutet er mir, still zu sein.

Jetzt höre ich die Stimme eines Mädchens, das offenkundig etwas vorliest. Als wir leise eintreten, sehe ich zwei Mädchen und vier Jungen, alle nicht älter als achtzehn, die zum Teil allein, zum Teil zärtlich aneinandergelehnt, auf einem warmen, rotbraunen Teppich sitzen oder liegen. Das Mädchen liest nicht aus einem Buch, sondern von einem handgeschriebenen Zettel.

Ein Junge rückt ein wenig zur Seite, damit ich mich dazusetzen kann. Das Mädchen liest ungestört weiter. Von einem Cholem – einem Traum handelt ihr Gedicht: von einem Land, wo Sonne und Erde regieren, wo Kinder wie Bäumchen so frei und aufrecht wachsen können, wo Männer und Frauen abends ihre starken Zweige schützend über die neuen Träume der kleinen Bäumchen breiten...

Als sie geendet hat, nicken mehrere in der Gruppe zustimmend. Ein Junge küßt das Mädchen, das sich, erleichtert nach ihrem Vortrag, an ihn kuschelt. Auch zwei Jungen haben die Arme gegenseitig über ihre Schultern gelegt und beginnen nun, leise einen neuen Text zu studieren.

So fremd mir alles auf den ersten Blick scheint, so sehr zieht mich diese freie und zärtliche Atmosphäre in Bann. «Seid ihr alle Dichter?» frage ich den Jungen, der mir am nächsten sitzt, leise. «Schön wär's», antwortet der lachend. «Ich bin Schneiderlehrling, der Kleine da ist Botenjunge und Esther, was machst du?» Esther ist das Mädchen, das eben so stolz und ruhig vorgelesen hat. «Ich bin noch Schülerin», sagt sie jetzt schüchtern. Dann rutscht sie näher zu mir: «Und wer bist du?» – «Ich bin Sonia», antworte ich, «und ich möchte euch gern alle zu Hirschs sechzehntem Geburtstag einladen!» – «Toll!» ruft Esther aus: «Lejser – da ist der ‹Jungvald› zur Stelle, nicht?»[13] Alle Augen sind auf den kleinen freundlichen Mann gerichtet. «Unter einer Bedingung», Lejser Wolf hebt seine helle Mappe voller Zettel in die Luft, auf der oben der Name von Hirsch steht, «unter der Bedingung, daß jeder von euch sein Lieblingsgedicht aus der Sammlung des Geburtstagskindes vorträgt!»

Einziges Problem bleibt, den Laden umzudekorieren, ohne daß Hirsch etwas davon merkt. Als uns zwei Tage vor der Feier noch nichts Überzeugendes eingefallen ist, greift Lea schließlich beherzt zu einer Notlüge, wie sie das nennt: «Hirsch, du mußt morgen mit der Bahn zum Grossisten fahren. Dort soll eine Lieferung für uns angekommen sein, die ich nicht bestellt habe. Bitte überprüfe das für uns, ja?»

Als wir am nächsten Tag schon beim Schmücken sind, frage ich Lea: «Was ist das denn für eine Lieferung, die Hirsch prüfen soll?» – «Keine Ahnung», ruft Lea von einer Leiter, während sie Girlanden aufhängt. «Aber der Großhändler ist ein Freund von mir und wird Hirsch ein schönes Mittagessen bereiten. Außerdem ist die Fahrt dahin auch ganz nett!»

Alles ist auf die Minute vorbereitet: Moshe Alitzki wird Hirsch mit seiner Gruppe am Bahnhof erwarten und dann direkt zum Laden bringen, wo wir anderen bereits versammelt sind. Mit den Brüdern Weinermann haben wir sogar ein Lied einstudiert, um die Wartezeit abzukürzen. Schließlich ist es soweit: Hirsch kommt mit der Gruppe um die Ecke der Pilsudski-Straße! Vater Glik, so haben wir verabredet, darf als erster gratulieren. Noch immer das eine Bein nachziehend, drückt der gute Mann, dem der ganze Rummel sichtbar peinlich ist, seinen Jungen und brummt mehrmals hintereinander: «Mazel tov, Hirsch, Mazel tov!»[14]

Und dann geht alles durcheinander: Lea und die kleine Chaja stimmen das Lied an, die Brüder Weinermann haben gerade die Instrumente abgelegt, um Hirsch zu gratulieren, und Moshe Alitzki läßt ein Riesenstück roter Torte auf sein leuchtendgelbes Hemd fallen... Dann spielt die Musik doch noch, und erst tanzen die Männer und schließlich tanzen alle durcheinander. Leas Onkel muß uns bis in sein Grab gehört haben...

Höhepunkt des Abends ist aber ohne Zweifel, als Lejser Wolf und die Jungen und Mädchen vom «Jungvald» einige Gedichte von Hirsch vortragen... Man sieht ihm an, daß er anfangs am liebsten im Erdboden versunken wäre. Aber schließlich spürt auch er, wie sehr seine Gedichte alle Anwesenden ergreifen, wie sehr er etwas ausdrücken kann, was viele von uns fühlen, aber doch nicht so formulieren können wie er...

Bis heute habe ich nicht die letzten Zeilen des Gedichtes vergessen, das er schlicht «Einmal»[15] genannt hat:

«Ich habe einmal geträumt,
ein König zu sein in einem weiten, weiten Land,
wo die Bäume fröhlich rauschen,
wo die Menschen nackt sind ohne Scham,
und auch ich nackt bin ohne Sorgen.
Und ich träume noch heute,
und es ist mir gut.
Ich bettle bloß um etwas mehr Mut.
So versuche ich,
jeden Zwang zu unterbrechen,
und doch –
ich kann zu keinem
von diesem Traume sprechen.»

Nie wieder habe ich dich, Geliebter, so unbeschwert erlebt wie an deinem sechzehnten Geburtstag...

Von mir hat Hirsch zu diesem Geburtstag ein selbstgenähtes Hemd bekommen, das er den ganzen Abend über stolz getragen hat. Jetzt, als wir dicht beieinander den Weg durch die Nacht zu meinem Elternhaus gehen, spüre ich, daß es ganz naßgeschwitzt ist vom Feiern. Es muß bereits nach Mitternacht sein. Ganz still ist es in der Stadt – Mutter hat mir nur erlaubt, bis zum Ende der Feier zu bleiben, wenn mich ein Erwachsener nach Hause bringen würde. Aber das ist Hirsch ja schon fast...

Wir bleiben kurz stehen, damit er das feuchte Hemd ausziehen und einen warmen Pullover überstreifen kann. Als er sieht, daß auch ich fröstele, nimmt er mich in den Arm und drückt mich fest an sich, um mich zu wärmen. Seine kräftigen Hände streicheln mir den Rücken. Ein wohliges Kribbeln durchfährt mich, das tiefer geht als einfaches Aufwärmen. «Ich habe Angst, Lieber», flüstere ich ihm ins Ohr. Mit heiserer Stimme antwortet er genauso leise: «Ich doch auch, Sonia...» Eng aneinandergepreßt bleiben wir stehen, ohne uns zu rühren. Die Erregung unserer Körper klingt nur langsam ab. Erst als wir vor meiner Haustür angekommen sind, spricht Hirsch die ersten Worte: «Ich möchte noch ganz viel Zeit mit dir haben.» Ich nicke nur still. Kein Wort könnte mein Glück beschreiben...

Im Sommer 1938 tritt Hirsch das erste Mal mit Gedichten selbst vor die Öffentlichkeit. Sowohl im Theater als auch im Jugendzentrum erntet er viel Beifall. Allmählich wird er auch sicherer im Vortrag und hat nicht mehr so schreckliches Lampenfieber wie bei den ersten Malen. Ende des Sommers erreicht Lejser Wolf sogar, daß eines der Gedichte von Hirsch in unserer jiddischen Tageszeitung, dem Wilnaer «Tog», abgedruckt wird...

Doch immer wieder wird dieser dichterische Erfolg von schrillen Mißtönen unterbrochen. Die Schlägereien mit antijüdischen Banden in Wilna hören nicht auf, auch wenn Hirsch zum Glück nicht noch einmal so sehr verletzt wird wie ein Jahr zuvor.

Im Oktober müssen wir im «Tog» lesen, daß Tausende polnischer Juden, die zum Teil seit Jahren und Jahrzehnten in Deutschland gelebt und gearbeitet haben, von SS-Leuten in den Großstädten zusammengetrieben und in verschlossenen Eisenbahnwaggons an die polnische Grenze verfrachtet wurden. Dort wurden sie schließlich über die Grenzlinie nach Polen geprügelt. «Ich kann das nicht glauben», sagt Mutter. «Ja, ja – Propaganda machen heute alle gern», ergänzt Vater, während er liebevoll seine Trompete putzt. Nur der Schauspieler Alexander Granach bezweifelt keine Zeile: «Das kommt noch schlimmer! Ich sage es euch!»

Am 7. November 1938 erschießt ein siebzehnjähriger jüdischer Junge einen höheren Beamten in der deutschen Botschaft in Paris. Er gibt an, daß auch seine Eltern und Geschwister zu den über die Grenze Geprügelten gehört hätten.[15a] Das Attentat wird heiß unter allen jüdischen Jugendlichen von Wilna diskutiert: War er nun bloß ein Strolch – oder ist vielmehr sein Mut zu bewundern, weil endlich einmal ein Jude sich gewehrt hat?

Die Meinung von Hirsch, der nur ein Jahr jünger ist, steht ungewöhnlich schnell fest für den sonst so bedächtigen Jungen: «Jetzt liest die Welt wenigstens, was den Juden in Deutschland angetan wird! Ich kann ihn verstehen!!» Moshe Alitzki, der sonst so leidenschaftlich sein kann, ist hier genau anderer Meinung: «Wartet mal ab, Kinder, was da nachkommen wird! So eine Tat bringt überhaupt nichts! Wir müssen die Länder verlassen, wo wir wie Hunde behandelt werden – das ist das einzig Sinnvolle!»

Ich bin mehr der Meinung von Hirsch. Aber leider soll Moshe dieses Mal recht behalten: In der Nacht vom 9. auf den 10. November 1938 überfallen Nazi-Banden und anderer Pöbel

– «aus Rache für die Tat von Paris» – jüdische Menschen in Deutschland: Tausende werden verprügelt oder verhaftet, etwa hundert ermordet. Synagogen werden in Brand gesteckt, Schaufenster jüdischer Geschäfte zerschlagen.

Obwohl es in Wilna zum Glück zu keinen vergleichbaren Ausschreitungen kommt, verriegelt Lea noch am Mittag des 10. November ihr Papiergeschäft und schickt auch Hirsch sogleich nach Hause. Als sie kurz darauf in der Presse ausführlich vom Ausmaß des Pogroms in Deutschland liest, erleidet sie einen ernsten Nervenzusammenbruch. Das Geschäft in der Pilsudski-Straße bleibt über eine Woche geschlossen...

Alexander Granach packt endgültig seine Koffer. «Jetzt geht's los, Leute, ich sage es euch!!!» sind seine letzten Worte, als er einigen hundert Menschen zuwinkt, die zu seinem Abschied nach Amerika auf den Wilnaer Bahnhof gekommen sind...

So recht hat er mit seinen Worten. Doch die Mehrzahl der Wilnaer Juden hat kaum das Geld für das morgige Mittagessen, geschweige denn für eine Bahnfahrt zur nächsten Kleinstadt. So bricht in Wilna das Jahr 1939 an...

Abschied von Wilna

Zunächst scheint sich Lea recht gut von ihrem Nervenzusammenbruch zu erholen, wenn sie auch öfter auf eine Weise schweigend vor sich hin starrt, wie wir es früher nie von ihr kannten. Einmal sagte sie zu Hirsch: «Junge, wenn mir etwas zustößt, dann übernimmst du den Laden! Ich habe doch sonst keine Angehörigen mehr hier...» – «Aber Lea», sucht Hirsch sie zu beruhigen, «so was mußt du nicht denken! Hier ist doch nicht Deutschland...» Sie streicht nervös eine Strähne aus der Stirn: «Ja, ja, du hast wohl recht. Aber ich kann einfach kaum mehr schlafen vor Sorgen...»

Als wir einmal mit Moshe Alitzki nach einem Gruppenabend darüber reden, schlägt er vor, unter vier Augen mit ihr zu sprechen. Er will versuchen, ihr Mut zu machen und ihr anzubieten, bei einer Auswanderung nach Palästina behilflich zu sein. Zu dem Gespräch soll es nicht mehr kommen. Ende März 1939 kommt eines Morgens früh, bevor ich noch zur Schule aufgebrochen bin, Hirsch völlig aufgelöst bei mir vorbei. Er klingelt Sturm, was er sonst nie tun würde, und ich weiß im ersten Moment: Es muß etwas Furchtbares passiert sein. Ohne einen Gruß platzt er heraus: «Sie haben Lea abgeholt! Einfach abgeholt! Weg! Der Laden ist von der Polizei versiegelt!!» Meine Mutter versucht, ihn zu beruhigen, bittet ihn, sich erst mal hinzusetzen. Mir schlägt jedoch das Herz bis zum Hals: «Nun erzähl doch bloß: Was ist mit Lea??» Hirsch beginnt noch einmal mit bebender Stimme: «Als ich vorhin beim Laden ankam, um aufzuschließen, da standen polnische Polizei und ein Krankenwagen in der Pilsudski-Straße. Ein Polizist versuchte, die Ladentür aufzubrechen. Von drinnen hörte man Leas Stimme laut und schrill schreien: ‹Sie kommen! Sie kommen immer näher!! Vor einem Jahr Österreich, jetzt die Tschechoslowakei! Warum hält sie denn keiner auf??›[16] Dabei verbarrikadierte sie sich immer mehr im Laden, kippte den großen Ladentisch von innen gegen die Tür und rief immer wieder: ‹Sie kommen! Sie kommen! Aber mich kriegen sie nicht!!!› Ach, es war so schrecklich, sie tat mir so leid! Ich versuchte, den Polizisten daran zu hindern, die Tür aufzubrechen, denn ich habe doch einen Schlüssel! Aber denkt ihr, der hat mich wenigstens mit Lea sprechen lassen? Als ich ihn am Arm festhalten wollte, hat er mich einfach zurückgestoßen, und dann haben mich zwei andere Polizisten festgehalten...» Atemlos von seinem Bericht, muß Hirsch kurz Luft holen. Ohne meine Mutter anzuschauen, ziehe ich ihn an der Jacke zur Wohnungstür: «Komm schnell – ich muß hin zum Laden. Ich muß das sehen! Vielleicht können wir noch was tun!!»

Doch als wir in der Pilsudski-Straße ankommen, ist die Ladentür bereits mit Brettern vernagelt. Eine Nachbarin bleibt mit uns vor der zerschlagenen Scheibe stehen: «Die arme Frau – einfach durchgedreht. So schnell kommt die bestimmt nicht wieder zurück aus der Klapsmühle... Wußten Sie, daß Frau Müller seit Wochen jede Menge Schnaps getrunken hat?» – «Nein», entgegnen Hirsch und ich wie aus einem Mund. Als sie endlich abgezogen ist, frage ich Hirsch: «Und was wird jetzt aus dir?» – «Keine Ahnung», entgegnet er niedergeschlagen. «Ich werde nachher zum Polizeirevier gehen, um herauszubekommen, in welches Krankenhaus sie transportiert worden ist. Dann werde ich erst mal wie früher meinem Vater helfen gehen...»

Den ganzen Tag über sehe ich Lea vor mir. Wo mag sie jetzt sein? Warum ist sie gerade heute morgen durchgedreht? Wie hätten wir ihr nur helfen können?

Abends bei unserer Jugendgruppe vom Hashomer Hazair berichtet Hirsch, daß man Lea in eine Nervenheilanstalt außerhalb Wilnas gebracht hat. Es ist ihm gleichzeitig verboten worden, den Laden zu betreten. Die Gefahr besteht, daß – falls Lea entmündigt werden sollte – das Geschäft und ihr ganzes Eigentum an den polnischen Staat gehen würden...

Moshe denkt als erster auch an die Familie von Hirsch: «Junge, wovon lebt ihr jetzt? Du hast in den letzten Jahren doch sicher mehr als dein Vater verdient, nicht?» Hirsch bleibt stumm. Nach einer ganzen Weile sagt er leise: «Ich werde schon wieder etwas finden...» Wir anderen wollen unbedingt irgendwie helfen. Moshe scheint das zu spüren, als er Hirsch bittet, für einen Moment aus dem Raum zu gehen. «Jetzt müssen wir zeigen, daß wir wirkliche Freunde sind und niemanden im Stich lassen. Hat jemand schon eine Idee, wie wir dem Jungen helfen können?» Jakob schlägt zuerst etwas vor: «Wir müssen vor allem eine Arbeit für ihn finden. Weiß denn niemand eine freie Stelle in Wilna?» Als zunächst betretenes Schweigen einsetzt, meint Dalia: «Also, Leute, dann müssen wir uns eben auf die Socken machen! Alle von uns, die noch zur Schule gehen, treffen sich morgen gleich nach Schulschluß – und dann klappern wir alle Geschäfte in Wilna ab, ob da nicht jemand einen tüchtigen Verkäufer gebrauchen kann!!»

Inzwischen hat jemand anders die Mütze von Hirsch für eine Sammlung rumgehen lassen, und ich sehe, wie Moshe als letzter sogar einen größeren Sloty-Schein hineintut...

Trotzdem dauert es einige Wochen, bis wir ein Eisenwarengeschäft in der Stephanstraße ausfindig machen, dessen Eigentümer bereit ist, Hirsch als Verkäufer anzustellen. Natürlich ist es kein Vergleich mit der Arbeit in Leas Laden. Der Eigentümer ist ein brummiger ehemaliger Handwerker, der wegen eines Unfalls nicht mehr in seinem Beruf arbeiten konnte und deshalb den kleinen Laden aufgezogen hat. Schon am dritten Abend teilt er mir mit, daß er nicht wünscht, daß ich immer schon kurz vor Feierabend vor dem Geschäft «rumlungere». Egal, treffen wir uns eben an der Straßenecke. Hauptsache, Hirsch kann für sich und seine Eltern und die geliebte Schwester Chaja wieder Geld verdienen...

Während der Wochen seiner Arbeitslosigkeit hat Hirsch vier

Ausgaben einer eigenen Literaturzeitung der Gruppe «Jung-vald» herausgegeben. Die jungen Schriftsteller können sogar so viele Exemplare ihrer kleinen Zeitung verkaufen, daß alle Kosten für Druck und Papier wieder hereinkommen.

Ich spüre, wieviel seelische Kraft Hirsch beim Schreiben gewinnt. Wie ein Maler mit Farben, wie ein Musiker mit Tönen, so kann Hirsch seiner – und so oft auch unserer – Seele mit Worten Ausdruck verleihen.

Sein Gedicht über den biblischen Helden Simson kennen damals viele von uns jüdischen Jugendlichen in Wilna auswendig. So bedroht wie Simson, der blinde Gefangene der Philister, dessen von Gott verliehene Stärke – das langgewachsene Haar – ihm durch Verrat geraubt worden war, so fühlen wir uns auch. So stark und unbesiegbar wie Simson, der noch einmal die Kraft erhält, um alle Erniedrigung zu rächen, auch wenn er dabei selbst den Tod findet, so möchten wir uns fühlen:

SIMSON[17]
O wilde Herde, die sich gesammelt hat um den Helden,
um sich zu amüsieren:
«Blinder – willst du eine schöne Philisterin fürs Bett?»
So spottet einer – und alle lachen.
Simson ist machtlos und stumm und blind.
Ein betrunkenes, wildes Geheul um ihn herum,
Geschrei, das wie das Gift der Schlange in sein Blut dringt.
Die Dunkelheit seiner Augen trifft auf deren Finsternis,
doch hinter seinem Dunkel glüht noch
der Glaube an die Vernunft.
Da wachsen seine Haare wieder.
O Wunder, es kehrt die frühere Kraft zurück . . .
O Held, dir mein größtes Lob,

ich stehe wie du mit gefesselten Händen.
Aber es glüht ein Funke vom letzten Glauben,
und unter mir die Scheiterhaufen brennen.
Fremd ist mir jetzt die Angst –
es singt in mir jeder Teil meines Körpers:
Welt – wenn ich verkomme,
werde ich dich mitreißen ins Grab.

Während der Schul-Sommerferien 1939 wäre ich so gern mit
Hirsch für ein paar Tage in die Natur gefahren. Aber sein neuer
Chef hat dafür überhaupt kein Verständnis: «Was – gerade angefangen und gleich wieder Urlaub? Nee, mein Lieber, so geht
das bei mir nicht!»

Dieses Ekel! Ich bewundere Hirsch, daß er es schafft, nicht

Mitglieder der Wilnaer
Gruppe junger Schrift-
steller und Künstler
«Jungvald» 1939: vorne
Hirsch Glik, links hinter
ihm der Leiter der
Gruppe Lejser Wolf

öfter aus der Haut zu fahren – immerhin muß er den Alten jeden Tag zehn Stunden ertragen!

Nur am Wochenende haben wir tagsüber ein paar Stunden für uns. Wann immer das Wetter es zuläßt, fahren wir in die wunderschöne Umgebung Wilnas an einen der kleinen Flüsse oder Seen. Mein Bruder Abraham borgt dann Hirsch sein Fahrrad, so daß wir längere Touren unternehmen können.

Hirsch ist voller Hoffnung, daß Lea vielleicht doch wieder aus der Nervenheilanstalt entlassen werden könnte. Im Juli hat er einen kurzen Brief von ihr erhalten, in dem sie uns um Verzeihung für ihren Zustand bittet. «Ich komme wieder!» schreibt sie am Ende ihres Briefes mit Ausrufezeichen. Ach, das wäre so schön. Jedoch dürfen wir sie bis jetzt noch nicht einmal besuchen... Als Mitte August 1939 meine beiden letzten Ferienwochen angebrochen sind, fragt mich Mutter eines Morgens: «Sag, Sonia, die Tante Sara aus Warschau hat geschrieben, daß ihre beiden Kleinen mit Windpocken das Bett hüten müssen – und sie jemanden sucht, der auf sie aufpassen kann, während sie arbeitet. Du hattest doch schon Windpocken – und du kämst so noch für ein paar Tage raus aus Wilna... Was meinst du?»

Eigentlich hätte ich schon Lust: Erstens ist Sara meine Lieblingstante, und ihre beiden Töchter Sima und Hila sind mit ihren fünf und sieben Jahren ganz süß – und zweitens wollte ich immer schon einmal in die polnische Hauptstadt Warschau. Aber ich will es auf alle Fälle zuerst mit Hirsch besprechen.

Heute denke ich, daß Hirsch bestimmt in meiner Stimme gehört hat, wie gern ich nach Warschau fahren wollte. Jedenfalls lächelte er nur zärtlich und sagte dann ohne längeres Nachdenken: «Klar fährst du, Sonia!» Ich umarme ihn dankbar – und doch: eine eigenartige Traurigkeit überkommt mich plötzlich. Wie schön wäre es, wenn wir zu zweit fahren könnten. Als Hirsch mir in die Augen schaut, grinst er mir plötzlich aufmunternd zu: «Außerdem heiraten wir sowieso, wenn du zurückkommst!» Nie haben wir dieses Thema auch nur berührt. «Soll das etwa ein Antrag sein?» – «Wie kommst du denn darauf?» albert Hirsch zurück. Dabei löst er mir geschickt von hinten meine Haarspange...

Ziemlich spät macht er sich schließlich auf den Heimweg. Mit dem Mittagszug werde ich morgen nach Warschau aufbrechen. Er will versuchen, in der Mittagspause zum Bahnhof rüberzulaufen.

Am 24. August 1939 sitze ich um zehn nach zwölf Uhr bereits im Abteil, denn jeden Moment muß der Pfiff des Bahnwärters ertönen. Hirsch ist nicht zu sehen. Wahrscheinlich hat ihn das Ekel von Ladenbesitzer wieder nicht weggelassen. Da ertönt das Signal! Meinem Bruder Abraham reiche ich eilig einen Brief für Hirsch aus dem Fenster – der Zug rollt an...

Trotzdem bleibe ich noch weit aus dem Fenster gebeugt, als der Fahrtwind bereits tüchtig durch meine langen Haare pustet. Und richtig: Kurz bevor der Zug außerhalb des Bahnhofs in die erste Kurve geht, kann ich gerade noch einen kleinen Menschen in blauem Verkäuferkittel auf den Bahnsteig eilen sehen. Er winkt und springt dabei in die Luft wie ein Verrückter. Auch ich winke mit meinem Pullover, solange ich auch nur einen kleinen Punkt von ihm erkennen kann. Glücklich und völlig außer Atem lasse ich mich im Abteil ins Polster zurückfallen. Jetzt bin ich nicht mehr traurig. In zwei Wochen werden wir wieder zusammensein. Wie konnte ich ahnen, daß es beinahe hundert Wochen werden sollten, bis wir uns wiedersahen...

Der 1. September 1939

Tante Sara ist zierlich, höchstens Ende Dreißig und überaus belesen. Sie entspricht keineswegs dem gängigen Bild einer rundlichen Köchin – und doch ist genau das ihr Beruf. Allerdings an besonderem Ort: im Waisenhaus des über die Grenzen Polens hinaus bekannten Doktor Janusz Korczak. Dieser große Arzt, Pädagoge und Schriftsteller, dessen beliebte Rundfunksendung über Erziehungsprobleme bestimmt alle polnischen Eltern schon mindestens einmal gehört hatten, wußte genau, warum er gerade Tante Sara als Chefköchin für sein Haus mit über zweihundert jüdischen Waisenkindern angestellt hatte.

«Sara», hatte der feine Mann mit silbergrauem Spitzbart und inzwischen kahlem Kopf einmal zu ihr gesagt: «Sie wissen: Der Mensch lebt nicht vom Brot allein – und der kleine Mensch erst recht nicht!»

Und Tante Sara wußte es. Nicht nur jedes einzelne der zweihundert Kinder kannte sie mit Vornamen, sondern sie wußte auch von vielen die geheimsten Wünsche und Sorgen. Während in großen Töpfen irgendwelche duftenden Speisen brodelten, konnten die Kinder der Tante alles auf ihre jeweils eigene Weise erzählen. Die große Madja rief ihr übermütig vom Flur schon etwas zu; der kleine Benjamin flüsterte ihr am liebsten ins Ohr, während er beide Ärmchen um ihren Hals klammerte. Ich hatte Tante Sara zuletzt vor zwei Jahren bei einem Besuch in Wilna gesehen.

Jetzt auf dem Bahnhof in Warschau kann ich ihre schmächtige Figur zuerst kaum im Gedränge finden. Doch dahinten winkt jemand so leidenschaftlich mit einem hellblauen Regenschirm – das kann nur Tante Sara sein. «Ach, Sonia-Kind, ist das schön, daß du gekommen bist», ruft sie mir zu, während sie sich mit beiden Ellbogen durch die Menge drängt. Dann umarmt sie mich wie eine Freundin.

Ich bin inzwischen genauso groß wie sie, wenn nicht sogar etwas größer. Auch sie bemerkt es mit fröhlichem Erstaunen: «Na – Kind ist gut! Du hast doch tatsächlich deine alte ehrwürdige Tante überrundet! Nein, Sonia, nun sind wohl nur noch Sima und Hila kleiner als ich. Bald werden auch die mir auf den Kopf spucken können!» – «Nun sag, Tante Sara, wie geht es den Kleinen?» Ein mütterlich-besorgter Schatten huscht über ihr Gesicht: «Zum Glück haben sie kein hohes Fieber mehr. Aber diese Windpocken jucken noch entsetzlich... Wie schön ist es, daß du kommst! Sie haben die letzten Tage von nichts anderem geredet!»

Seit der Trennung der Eltern vor einem Jahr sind die kleinen Töchter von Tante Sara über jeden Besuch begeistert, der die große Wohnung nicht so leer erscheinen läßt. Onkel David war damals von einem Tag auf den anderen aus Warschau verschwunden und hatte seine Familie allein gelassen. Als ich Mutter einmal nach dem Grund gefragt hatte, war ihre Antwort, daß ich das noch nicht verstehen würde. Mein Bruder Abraham hatte gesagt, es sei wegen einer anderen Frau gewesen, in die Onkel David sich verliebt hätte. Arme Tante Sara!

«Wir werden bald in eine kleinere Wohnung umziehen müssen», berichtet sie auf dem Weg nach Hause. «Die Miete ist einfach zu teuer – und ich mag den Doktor keinesfalls um eine Lohnerhöhung fragen.» – «Habt ihr schon was in Aussicht?» will ich wissen. «Nein, das wird wohl auch schwer werden, da in Warschau große Wohnungsnot herrscht. Aber wir werden schon etwas finden... Mehr bedrückt mich die politische Lage. Wie seht ihr das von Wilna aus?»

Meine Eltern interessieren sich nicht für Politik. Von Moshe

Alitzki und den anderen vom Hashomer Hazair erinnere ich mich nur, daß sie sich Sorgen machten wegen Hitlers Drohungen gegen Polen. Die Tante nickt: «Deshalb hat die polnische Regierung wohl auch dieses Bündnis mit England vor zwei Wochen geschlossen. [18] Aber ob das was nützt? England ist weit weg!» – «Glaubst du etwa, daß es Krieg geben könnte?» fragte ich nach. Ich traue mich kaum, dieses Wort auszusprechen. Einen Moment bleibt die Tante stehen, mustert mich, als wollte sie überprüfen, welche Antwort sie mir zumuten könnte. «Es ist schwer, die Augen zu verschließen: Gestern war der deutsche Außenminister in Moskau, um einen Freundschaftsvertrag mit den Russen zu schließen. Kannst du dir vorstellen, was das bedeutet? Erst pöbelt Hitler jahrelang gegen Moskau, und jetzt das? Du, Sonia – der will sich den Rücken freihalten, um irgendeine andere Schweinerei anzufangen!»[19]

Tante Saras Urteil ist ernst zu nehmen. Mein Gott – Krieg! Ich kann mir darunter eigentlich gar nichts Genaues vorstellen. Das ist doch eine Sache von Soldaten auf irgendwelchen Schlachtfeldern. Und irgendwann einigen sich die Politiker und Feldherren wieder, und fertig. Und wenn Hitler im Osten keine Front errichtet, heißt das doch nur, daß er sich erst im Westen anlegen will, wahrscheinlich mit den Franzosen?

Erst als wir bei Tante Sara daheim angekommen sind und die Tür zum Kinderzimmer öffnen, verfliegen die düsteren Gedanken von einer Sekunde zur anderen: Irgendwie haben die beiden kranken Mädchen es fertigbekommen, über der Tür einen großen Bogen Papier mit Konfetti zu spannen. Im Moment, als wir nun die Tür öffnen, fällt und wirbelt um uns ein kräftiger Papierschnipselregen. «Willkommen, Shalom!» quietschen beide vor Vergnügen in ihren Bettchen.

Der Empfang ist gelungen. Außer dem Konfetti, das sie

selbst mit einem Locher aus altem Zeitungspapier hergestellt haben, warten noch wunderschöne Begrüßungsbilder auf mich. «Das hier bin ich auf einem Elefanten», erklärt die kleinere Sima. «Auf einem Elefanten?» – «Na ja – auf der Flucht vor den Windpocken!» erklärt sie geduldig.

Bald darauf streicht mir die Tante übers Haar: «Ich muß los zur Arbeit – Spätschicht! Das Abendessen steht im Herd. Bitte geh ruhig schon schlafen, wenn du müde bist. Ich habe mit dem Doktor noch Abrechnung zu machen...» Und zu ihren Töchtern gewandt: «Daß ihr beiden kleinen Streuselkuchen der Sonia ja auch mal eine Minute Ruhe laßt!» Die beiden strahlen zurück: «Mach dir keine Sorgen, Mammele! Wir werden es Sonia ganz schön machen!»

Und das tun die beiden wirklich. Wir malen noch weitere Elefantenbilder. Beim Abendessen formen wir Elefantenohren aus Kartoffelmus. Und zum Einschlafen gibt's noch eine Abenteuergeschichte aus dem Urwald – natürlich mit Elefanten.

Zum Abend haben beide noch einmal leichtes Fieber bekommen. Nun liegen sie aber in tiefem Schlummer – Hila mit ihrem Teddy im Arm, die kleine Sima drückt ihr Kissen an sich.

Sie waren so lustig und gut gelaunt, daß ich in ihrer Nähe richtig glücklich war. Ob ich auch einmal Kinder haben werde?

Einmal habe ich kurz mit Hirsch übers Kinderkriegen geredet. Obwohl ich schon oft gespürt habe, daß er Kinder mag, sagte er: «Heute sollte man keine Kinder in die Welt setzen! Vielleicht einmal, wenn sich die Zeiten geändert haben. Aber hier und heute? Nein!» Ich habe nichts geantwortet. Obwohl ich es schon damals anders gesehen habe. Wenn Kinder da sind, dann haben doch auch Erwachsene mehr Grund, sich für eine schöne Welt einzusetzen – für sich und ihre Kinder!

Ich nehme mir vor, nach den Ferien mit Hirsch noch einmal

darüber zu sprechen. Die lange Fahrt im Zug und das Spielen mit den Kindern haben mich wohl doch etwas erschöpft. Jedenfalls warte ich nicht mehr auf die Tante, sondern lasse mich bald darauf in das frischbezogene Gästebett fallen. Das ungewohnte Ticken einer alten Standuhr im Wohnzimmer begleitet mich in meine Träume...

Gedämpfte Küchengeräusche lassen mich am nächsten Morgen langsam und wohlig wach werden. Von den Kindern ist nichts zu hören. «Die habe ich verdonnert, leise zu sein», lacht die Tante, als ich meinen Kopf zur Küchentür hereinstecke. «Schließlich bist du auch zum Urlaub hier! Übrigens habe ich die ganze Woche Spätschicht. Am Vormittag verschonen dich also die beiden kleinen Geister, und du kannst dir in Ruhe Warschau angucken...» So habe ich mir meine Ferien gewünscht!

Unternehmungslustig durchstreife ich bald darauf die ungewohnte Großstadt. Vor allem die wunderschönen Geschäfte in der Innenstadt haben es mir angetan. Leider sind nirgends Spielzeugelefanten aufzutreiben, nicht mal kleine Elefantenbilder. Wenigstens entdecke ich schließlich einen Fotoladen und erstehe für Hirsch und meine Eltern jeweils eine Postkarte. Wenn man verreist, muß man doch wenigstens Karten schreiben.

Angekommen ist keine von beiden mehr in Wilna...

Die ersten Tage konnte ich immer so lange schlafen, wie ich wollte. Heute morgen ist alles anders. Sanft rüttelt mich Tante Sara wach. Ihr Gesicht ist bleich. «Jetzt ist Krieg, Kind», sagt sie mit flüsternder Stimme. Ich brauche noch Zeit, um zu begreifen. Leise fährt sie fort: «Die Deutschen haben heute morgen in Danzig das Feuer eröffnet!»[20] Unwillkürlich klammere ich mich an ihren Arm. Kaum hörbar flüstere ich zurück: «Und was sollen wir jetzt tun?» – «Bestimmt werden viele Menschen versuchen, jetzt nach Osten zu fliehen. Aber ich habe mich entschieden: Ich kann den Doktor mit den Waisenkindern nicht allein lassen! Aber du, liebe, liebe Sonia, du mußt heute noch nach Wilna fahren!» – «Aber Tante», entgegne ich. «Laß uns doch erst mal noch einen oder zwei Tage warten, um zu sehen, wie sich die Situation entwickelt. Dann kann ich immer noch fahren.» Doch die Tante ist nicht umzustimmen: «Sonia, wie gerne würde ich dich hierbehalten. Aber es kann jetzt schon zu spät sein. Du mußt dich schnell anziehen und deine Sachen packen. Ich bringe dich zum Bahnhof, bevor ich die Kinder wecke...»

Traurig klettere ich aus dem Bett und werfe meine Siebensachen in den kleinen Koffer. Das also ist Krieg, denke ich bedrückt bei mir. Alle Leute rennen wild durcheinander – und mein schöner Urlaub ist von einem auf den anderen Tag zu Ende.

Während wir kurz darauf zum Bahnhof eilen, versuche ich mich mit dem Gedanken zu trösten, daß ich dafür wenigstens bald Hirsch wiedersehen werde. Noch heute... schon am Nachmittag!

In den Straßen sieht man Kolonnen von Jungen und alten Männern, die beginnen, Straßengräben zur Verteidigung auszuheben. Auf dem Warschauer Bahnhof herrscht ein heilloses Durcheinander. Die meisten Züge sind für das Militär reserviert, nur wenige Verbindungen gibt es für Zivilisten. Nach Wilna soll erst am Nachmittag ein Zug gehen. So trotten wir also erst einmal wieder schweigend nach Hause.

Die Kleinen schlafen noch. Als wir still an ihre Bettchen treten, bittet mich Tante Sara: «Heute sagen wir ihnen noch nichts, ja?» Doch schon am Mittag haben die beiden Mädchen alles herausbekommen. Vom Fenster aus beobachten sie die hektischen Menschen auf der Straße: die Soldaten, die zu ihren Sammelpunkten laufen; die Männer und Frauen, die Keller leerräumen für Luftschutzunterstände. Auf rührende Weise trösten sie ihre angstvolle Mutter, erinnern sie freudig daran, daß heute doch der erste Tag sein sollte, an dem sie wieder aufstehen dürften.

Am Mittag gehen wir zu viert zu Doktor Korczaks Waisenhaus. Tante Sara besteht darauf, daß wir zusammenbleiben. Dort erfahren wir, daß inzwischen gar keine Züge mit Zivilpersonen mehr Warschau verlassen dürfen. Die deutsche Luftwaffe hätte bereits begonnen, ihre Bombeneinsätze über Polen zu fliegen. Noch ist in Warschau nichts zu hören...

Über 120 000 polnische Soldaten sollen zur Verteidigung der Hauptstadt Polens zusammengezogen werden. Viele Männer melden sich freiwillig zum Militär, darunter viele Juden, die ahnen, was ihnen droht, falls Hitlers Armee siegt. Auch aus dem Waisenhaus melden sich noch am gleichen Tag vier junge Erzieher ab.

In den nächsten Tagen verändert die Stadt ihr Gesicht völlig. Bereits am 2. September hören wir viermal Staffeln deutscher Flieger sich nähern. Ihre tödliche Fracht geht jedoch noch an den Rändern der Stadt herunter. Trotzdem fährt mir ein großer Schreck in die Glieder, als ich eine offenkundig ausgebombte Familie mit zerrissenen und angebrannten Sachen am Waisenhaus vorbeiziehen sehe. Wo ich neulich noch unbeschwert Postkarten kaufte, haben jetzt Soldaten Quartier bezogen. In den Straßen werden weiter Barrikaden errichtet und große Luftabwehrwaffen installiert. An ein Verlassen der Stadt ist nicht mehr zu denken. Was hatte ich nur bisher für eine Vorstellung vom Krieg! Allmählich ahne ich, daß das Schlachtfeld direkt in der Stadt vorbereitet wird. Gerüchte werden laut, daß die polnische Regierung bereits Warschau verlassen hätte in Richtung rumänischer Grenze. Gleichzeitig werden wir, die einfache Bevölkerung, aufgerufen, alles zur Verteidigung Warschaus zu tun. Ja, sind die denn wahnsinnig geworden? Wer soll hier in unserer Straße gegen Panzer kämpfen – Tante Sara, die Kinder, ich?

Am 4. September gehen die ersten Bomben ganz in unserer Nähe runter. Alles zittert – die Erde, die Hauswände, unsere Herzen. Staub, Dreck, Feuer, Schreien, Hilferufe, Panik...

Deutsche Infanterie in einem Vorort der polnischen Hauptstadt

Wir haben es dieses Mal einfach nicht mehr geschafft, in den Keller zu kommen. Doch zum Glück wird unser Haus verschont, nur die Küchen- und Wohnzimmerfenster sind zerborsten. Die beiden Mädchen starren mit angstgeweiteten Augen ins Leere, klammern sich an Tante Sara und mich. «Ich hasse den Keller», sage ich leise zu Tante Sara, als das Inferno vorbei ist, aber wir noch zu erstarrt sind, um schon wieder aufzuspringen. «Ich mache mir solche Vorwürfe, daß ich dich ausgerechnet jetzt nach Warschau gebeten habe», flüstert die Tante. Wir flüstern, obwohl gar kein Grund dazu besteht. Die Deutschen können uns oben in ihren Flugzeugen bestimmt nicht hören... Nach Hause gehen wir jetzt nur noch, um Kleidung und anderen Nachschub zu holen oder zum Schlafen in der Nacht. Ansonsten sind wir die meiste Zeit im Waisenhaus. Die beiden Mädchen bleiben in der Gruppe der Kleinen. Ich helfe in der Küche oder dort, wo gerade jemand benötigt wird.

Das größte Problem ist, daß allmählich die Nahrung knapp wird. Nicht nur, weil die polnische Regierung die Bevölkerung unzureichend vorbereitet hat, sondern auch, weil noch täglich Tausende von Flüchtlingen aus dem Westen in die bereits übervölkerte Stadt kommen. Diese armen Menschen sind manchmal nur mit den Kleidern am Leib vor der deutschen Wehrmacht geflohen und kampieren zum großen Teil auf den Straßen...

Wieder und wieder sagt die Tante: «Sonia, wenn du doch nur in Wilna wärst! Was werden deine Eltern für Ängste ausstehen...» Einmal unterbricht sie der gütige Doktor, als er gerade von einem Sanitätseinsatz bei verwundeten Soldaten zurückkehrt: «Sara – nun seien Sie mal ehrlich: Was sollten wir ohne Sonia denn jetzt hier anfangen?» Dabei drückt er mir freundschaftlich die Hand und sagt leise: «Danke, Sonia!» Als er kurz darauf den Flur zu seinem Büro hinuntergeht, sehe ich, daß sein Mantel an mehreren Stellen blutverschmiert ist.

Die Verteidigung der Stadt scheint immer schwieriger zu werden. Kaum ist noch eine Pause im dröhnenden Gefechtslärm zu vernehmen. Der Bombenhagel der Flugzeuge hat inzwischen keine Straße in Warschau mehr heil gelassen. Alle Krankenhäuser sind überfüllt mit verwundeten Soldaten und Zivilisten, auch die Notlazarette in Schulen und Zelten reichen längst nicht mehr aus. Noch nie habe ich so schreckliche Verwundungen gesehen. Junge Männer, nicht älter als Hirsch, mit abgerissenen Armen und Beinen, zerschossenen Gesichtern, manchmal blind, von anderen Kameraden geführt. Aber auch verwundete Kinder und Frauen... schrecklich, so schrecklich – wie kann die Welt je wieder heil werden?

Doch es soll noch schlimmer kommen. Am 14. September 1939[21] begehen wir Juden unser «Rosh Hashana» – das Neujahrsfest! In diesem Jahr hätte es ein besonderes Fest sein sollen – wir zählen das Jahr 5700! Es wird der schlimmste Tag, den Warschau bis dahin erlebt hat: Ununterbrochen und stundenlang breitet sich der Bombenteppich aus. Taub vom Lärm und schweratmend vom Staub, hocken wir im Keller unseres Hauses, der wie durch ein Wunder nicht zusammenfällt.

Es ist bereits dunkel, als wir abends aus unserem Unterschlupf krabbeln, um etwas Wasser zu besorgen. Gegessen haben wir den ganzen Tag über nichts. Auf der Straße ist die Luft heiß und stickig. Die Flammen schaffen eine teuflische Beleuchtung mit langen Schatten und verzerrten Gesichtern.

Die Kinder sind seit dem Morgen völlig stumm. Wie betäubt lassen sie sich von uns über die Trümmer zerren, willenlos und doch noch immer kräftig genug, um selbst gehen zu können. Wann werden sie zusammenbrechen?

Die Tante weiß von einem Brunnen im Viertel, der noch funktionieren soll. Sie treibt uns an, voller Angst vor einem neuen Angriff. Doch es ist nicht leicht, sich einfach einen Weg durch die brennenden Trümmer zu bahnen. Ein eigentümlich leise zischendes Geräusch in unmittelbarer Nähe läßt mich anhalten und den Kopf heben. Gerade im letzten Moment kann ich die kleine Sima zurückreißen – innerhalb einer Sekunde verwandelt sich das Zischen in polterndes Dröhnen: Glühendes Mauerwerk kracht zwischen der Tante und Hila vor uns, Sima und mir dahinter zu Boden.

Zuerst kann ich wegen der Hitze kaum erkennen, wo Tante Sara geblieben ist. Doch dann erkenne ich sie: am Boden kauernd, über die siebenjährige Hila gebeugt, die wohl getroffen wurde von einem Brocken. Endlich kann ich mir einen Weg durch die Glut bahnen. Hilas Augen sind offen, doch eigenartig starr. «Was ist mit Hila?» rufe ich der Tante zu. Zum ersten Mal an diesem entsetzlichen Tag fängt die kleinere Schwester an meiner Hand an zu weinen. «Tante, was ist denn?» Jetzt schreie auch ich. Als ich sie an der Schulter berühre, ergreift sie meine Hand, zerrt mich zu sich hinunter, bis ich ganz dicht vor ihr bin, Gesicht gegenüber Gesicht. Ich spüre, wie sie zu sprechen versucht, doch kein Wort kommt über ihre Lippen... endlich stößt sie hervor: «Mein Kind!» Zuerst ganz leise, dann schreit sie immer wieder, immer lauter, bis ihre Stimme heiser wird: «Mein Kind, mein Kind, mein Kind...!»

Kein Mensch kümmert sich um uns. Alle hasten vorbei, beladen, verletzt, orientierungslos. Als die Alarmsirenen wieder zu heulen beginnen und es allmählich leerer wird um uns herum, wickeln wir die kleine Hila in meine Jacke und tragen sie zu zweit zurück zu unserem Haus. Die kleine Schwester stolpert stumm hinterher.

Eine Beerdigung ist auch am nächsten Tag nicht möglich. Tante Sara muß ihre Tochter einem Totengräberkommando übergeben – ältere Männer, die dafür sorgen, daß keine Toten in den Straßen bleiben, da sich sonst Seuchen ausbreiten könnten...

Seit diesem Tag ist Tante Sara verstummt. Sie funktioniert weiter, geht tagtäglich zum Waisenhaus, versieht dort ihren Dienst, soweit überhaupt etwas zum Kochen vorhanden ist – aber ihre Seele ist gebrochen...

Auch der Doktor macht sich große Sorgen um die Tante. Einmal sagte er zu mir: «Sonia, du mußt gut aufpassen auf die Tante. Sie hat keinen Lebenswillen mehr – das ist gefährlich!»

Und woher nehme ich einen Willen zum Leben? Ich kann es heute nicht sicher sagen, denn in der Situation habe ich kaum mehr nachgedacht über irgend etwas. Aber ich glaube schon, daß ich es als großen Trost empfand, vom Doktor zu hören, daß es in Wilna keine Kämpfe gegeben haben soll. Im Gegenteil sei kaum mehr zu vermuten, daß die Deutschen bis Wilna kämen, denn inzwischen seien – am 17. September 1939 – sowjetische Heere über die Grenze in Ostpolen einmarschiert und würden nun Litauen besetzen. In manchen Städten seien die Russen fast begrüßt worden, weil sie dadurch die Bevölkerung vor den Deutschen bewahrt hätten. Wilna ist heil – so wirst du es auch sein. Der Gedanke gibt mir Trost und Kraft...

Dagegen hören wir immer öfter Schreckensmeldungen über Quälereien bis hin zu willkürlichen Erschießungen von polnischen Offizieren und einfacher jüdischer Bevölkerung in den bereits von der deutschen Wehrmacht eroberten Gebieten in Westpolen.

Inzwischen stehen die deutschen Soldaten unmittelbar vor

den Toren Warschaus. Am 20. September werden polnische Frauen beim Kartoffelholen auf einem großen Acker unmittelbar am östlichen Stadtrand erschossen – die Deutschen haben Warschau umzingelt. Auch eine junge Küchenhilfe aus dem Waisenhaus war dabei. Die Tante schweigt, als der Doktor die Nachricht bringt...

Als würden sich die deutschen Generäle immer genau die jüdischen Feiertage für Großangriffe reservieren, so setzte das letzte schwere Bombardement auf die bereits weitgehend zerstörte Stadt am 23. September 1939 ein; an diesem Tag feiern wir «Jom Kippur» – das jüdische Versöhnungsfest. Welch ein Hohn – wo gibt es eine Macht, die jetzt – jetzt! – versöhnen könnte?

Es ist an Jom Kippur 1939, als Tante Sara sich morgens weigert aufzustehen. Ich beschwöre sie, flehe sie an, denn das Dröhnen der Bomber hat schon längst eingesetzt.

In der großen Wohnung der Tante ist von uns nur noch das Gästezimmer belegt. Alle anderen Zimmer werden von Flüchtlingsfamilien bewohnt, die aber alle längst zum Keller heruntergestürzt sind. Und doch sind ihre Augen heute so klar wie lange nicht mehr. Zum ersten Mal seit Tagen spricht sie wieder: «Sonia-Kind, geh zu den anderen in den Keller! Sima und ich müssen uns noch ein bißchen ausruhen...»

Ich schüttele nur den Kopf, beobachte die Tante voller Angst und Sorge. Ihre tiefe Ruhe ängstigt mich, erscheint mir so unwirklich. Dieses Gefühl wird eher noch verstärkt, als sie eine Kerze aus einem Koffer nimmt und sie neben ihrem Bett anzündet, in dem auch die kleine Sima eng angekuschelt liegt. Es ist mir unmöglich, einfach davonzugehen...

Über eine Stunde mag vergangen sein, als eine kurze Pause eintritt und wir kein Flugzeug hören. Die Tante bittet mich,

Wasser zu holen. Sie wolle einen Tee für uns bereiten. Mit unserem Blecheimer stolpere ich los...

Der bekannte Brunnen ist zerstört, jedoch zeigt mir eine Frau einen Weg zu einem anderen in der Nähe. Kaum ist mein Eimer gefüllt, wird erneut Alarm gegeben. Ein übereifriger Hausmeister zerrt mich mit in einen Unterstand, kurz bevor die Detonationen losgehen. Ich will aber zurück, will zu Tante Sara. Er hält mich schließlich mit seiner Körperkraft fest, was meine Panik nur noch verstärkt. Schließlich kann ich mich losmachen, lasse den Eimer einfach dort stehen und renne, so schnell ich kann, zurück in unsere Straße.

Heute weiß ich: Ich habe es geahnt. Irgendwie habe ich es geahnt: Als ich um unsere Straßenecke biege, sehe ich mit meinen Augen, daß unser Haus nicht mehr steht. Ich sehe es mit den Augen, nicht mit dem Herzen, nicht mit dem Verstand. Dort, wo der Luftschutzkeller war, ist jetzt ein großer Krater – es muß ein Volltreffer gewesen sein...

Ob es auch die Tante geahnt hat: Wieso hat sie mich gerade dann zum Wasserholen geschickt – und nicht in den Keller? Weil sie einen Tee kochen wollte? Absurd! Es gibt doch gar kein Gas mehr zum Kochen... Gibt es solche Vorahnungen – oder sind das nur wirre Gedanken von Überlebenden, die nicht begreifen können, ja, die kaum aushalten, daß gerade sie verschont worden sind...?

Es wird noch Tage und Wochen dauern, bis ich allmählich begreife, was an diesem Jom Kippur 1939 wirklich um mich herum und in mir geschehen ist. Wirklich bewußt wurde es mir wohl erst viel später, als ich wieder bei dir war in Wilna.

Von den Tagen unmittelbar danach habe ich nur ungenaue Erinnerungen. Ich weiß, daß ich dann irgendwie zum Doktor gelaufen bin und dort versorgt wurde, obwohl ich weiter zu den wenigen gehörte, die körperlich völlig unverletzt waren. Ich weiß, daß am 28. September 1939 ein Waffenstillstand Ruhe über den Trümmern Warschaus einkehren ließ und bereits am nächsten Tag die Deutschen mit ihren Panzern in die Stadt einfuhren. Ich weiß, daß am 6. Oktober 1939 die letzten polnischen Truppen kapitulieren. Ich weiß, daß Polen bereits zwischen der Sowjetunion und Deutschland aufgeteilt ist und damit aufgehört hat zu existieren.[22] Und ich weiß schließlich, daß nur wenige Jahre später auch die Deutschen selbst unter ähnlich schrecklichen Bombardements ihrer Großstädte – Hamburg, Berlin, Dresden, Köln... – zu leiden haben werden. Ich weiß das alles – und verstehe nichts... Zu laut dröhnen die Bomber noch in meinen Ohren, zu sehr ist meine Seele verwundet, als daß noch Raum zum Verstehen wäre. Ein Krieg ist doch kein Naturereignis oder ein von Dämonen herbeigerufenes Elend. Kriege werden von Menschen gemacht. Von Menschen...

Ich höre, daß die deutschen Soldaten Brot an die hungernden Bewohner Warschaus verteilen. Doch schon nach wenigen Tagen wird dieser menschlichen Geste Einhalt geboten. Ich sehe, daß Doktor Korczak ein weißes Band mit einem blauen Davidstern tragen muß, daß bald alle Juden so ein Zeichen tragen müssen und auch mir im Krankenbett irgendwann so eine Armbinde angelegt wird. Ich höre, daß Menschen, die so ein Zeichen tragen, kein Brot erhalten, keine warme Kleidung, keine Wohnung – dafür eingesammelt werden zur Zwangsarbeit. Wer sich weigert, wird erschossen... Ich sehe... Ich höre... ohne Gefühl, ohne Seele.

Daß ich die nächsten Monate überlebe, habe ich allein Doktor Korczak zu verdanken. Ich werde einfach als Waisenkind in der Krankenabteilung seines Hauses aufgenommen, versorgt –

und geschützt gegenüber den Zugriffen der Deutschen. Andere fünfzehnjährige Mädchen werden bereits zur Zwangsarbeit abgeholt...

Erst im Frühjahr 1940 kehrt meine normale Wahrnehmung allmählich wieder zurück. Anfangs kann ich noch in der Küche des Waisenhauses helfen. Schließlich aber spüre ich deutlich, wie sehr meine Stelle von anderen jungen Frauen, die Kinder durchzubringen haben, benötigt wird. Keiner bittet mich zu gehen. Und doch verabschiede ich mich eines Morgens vom Doktor. Er gibt mir noch eine Adresse, wo ich die nächsten Tage schlafen und vielleicht sogar ein wenig Essen verdienen kann.

Es ist ein milder Frühlingstag in jenem April 1940, als ich auf die Straße vor das Waisenhaus trete. Wenn auch viele Trümmer inzwischen beseitigt wurden, ist die Stadt nicht wiederzuerkennen. Fast alle Läden sind geschlossen oder unterliegen strenger Rationierung. An einigen Wänden hängen Anweisungen der Militärverwaltung für den von Deutschland besetzten Teil Polens. Zahllose arme, zerlumpte Menschen bevölkern die Straßen...

Und doch: Ich lebe. Es ist Frühling, richtiger Frühling trotz allem, und seit Monaten denke ich das erste Mal wieder an dich...

Allein im Warschauer Getto

Seit ich wieder klar im Kopf bin, beherrscht ein einziger Gedanke meinen Alltag: Wie kann ich nach Wilna entfliehen? Wie kann ich heimkommen zu meiner Familie und zu dir?

Kinder im Warschauer Getto (September 1941)

Je stärker meine Lebenskräfte zurückkehren, um so größer wird die Sehnsucht nach den Menschen, die für mich Zuhause, Frieden, Sicherheit bedeuten. Wenn ich doch wenigstens eine Nachricht erhalten könnte, wie es ihnen geht...

Das vom Doktor empfohlene Quartier in der Nowolipki-Straße 39 ist eine kleine Zweizimmerwohnung, in der bestimmt jetzt schon über zwanzig Personen untergebracht sind. Ich bringe es nicht fertig, mich dazuzuquetschen. Noch habe ich einen warmen Mantel von Tante Sara, und da die Nächte jetzt Tag für Tag milder werden, beschließe ich, ganz in der Nähe unter einer Brücke mein Nachtlager zu beziehen. Auch dort bin ich keineswegs allein, sondern muß die Stelle mit anderen obdachlosen Kindern und Jugendlichen teilen. Aber es ist eben nicht die bedrückende Enge der kleinen muffigen Zimmer in der Nowolipki-Straße.

Mehrere der Jugendlichen scheinen sich bereits zu kennen. Sie teilen untereinander, wenn einer einmal irgendwo ein Stück Brot oder eine halbe Zigarette ergattert hat. Ich traue mich zunächst nicht, sie von mir aus anzusprechen. Als sie am zweiten Abend bemerken, daß ich offensichtlich nichts zum Essen habe finden können, kommt ein kleinerer Junge auf mich zu und hält mir seine offene Hand hin, in der sich ein Stück Apfel befindet: «Willst du etwa verhungern? Immer nur gucken und nichts essen? Hier, nimm mal – sind Vitamine!»

Ich muß lächeln über seine altkluge Rede. Er ist höchstens zehn. Mit einem alten Herrenjackett als Mantel bekleidet und dabei barfuß, sieht er wie ein Pirat aus. «Wie heißt du denn?» frage ich ihn. «Wie du willst», antwortet er grinsend. «Meine Eltern nannten mich Skrolik. Ein schrecklicher Name. Jetzt werde ich Simson genannt. Das finde ich ganz in Ordnung!»

Ich denke an das schöne Gedicht von Hirsch und muß ihm zustimmen. Ein kleiner Simson eben.

Seit ich sein Stückchen Apfel gegessen habe, weicht er nicht mehr von meiner Seite. Als ich mich schließlich später müde zur Seite legen will, schaut er mich plötzlich drängend an und sagt so leise, daß die anderen es nicht hören können: «Du, Sonia, ich will mit dir schlafen!» – «Wie bitte?» Ich glaube den kleinen Piraten nicht richtig verstanden zu haben. «Ja», flüstert er, «du hast so einen schönen großen warmen Mantel. Sieh mal, unter meinem dünnen Jackett habe ich nur ein Unterhemd an. Laß mich unter deinem Mantel mitschlafen, ja?»

So traurig die ganze Situation ist, kann ich ein Kichern nicht unterdrücken. So ein Schlitzohr!

Kaum hat er sich unter dem Mantel an meinen Rücken gekuschelt, höre ich auch schon ein tiefes und gleichmäßiges Atmen, spüre seinen Körper und seine Wärme, wie die eines kleinen Hundes. Ich bin froh, daß ich ihn kennengelernt habe...

Die nächsten Wochen lerne ich Simson noch mehr schätzen. Er hat bereits einen Winter auf der Straße überlebt und weiß, wo manchmal etwas Eßbares aufzutreiben ist oder wo es ab und zu mal ein Stück Kleidung gibt. Nur für mich und meinen sehnsüchtigsten Wunsch weiß er keinen Rat: wie Warschau verlassen und nach Wilna kommen?

Zwischendurch frage ich öfter beim Doktor nach, ob es vielleicht schon wieder irgendwelche Postverbindungen gibt, aber bislang ist keine Nachricht eingetroffen. Für alle Fälle schreibe ich je einen Brief an meine Eltern und an Hirsch, die er unbedingt losschicken soll, wenn er irgendeine Möglichkeit findet.

Es muß schon Sommer 1940 sein, als Simson eines Nachmittags auf mich zugelaufen kommt und mir ausrichtet, daß ich zum Doktor kommen soll. Dieser schaut mich zunächst besorgt an: «Wie geht es dir, Sonia? Schaffst du es auch wirklich draußen allein?» Ich bin zu ungeduldig für eine längere Antwort, nicke nur kurz und frage: «Lieber Doktor – haben Sie Nachricht aus Wilna?» Doch noch verrät er nichts: «Höre, Sonia – du mußt mir versprechen, über alles, was ich dir gleich mitteile, absolutes Stillschweigen zu bewahren. Kannst du das?» Wieder nicke ich nur heftig. Jetzt erst greift der Doktor in seine Jackentasche und holt einen kleinen braunen, mehrfach zusammengefalteten Zettel heraus: «Ein geheimer Bote hat mir heute morgen einige Nachrichten aus Wilna übermitteln können. Zunächst mußt du wissen, daß es deinen Eltern gutgeht und sie dich von Herzen grüßen lassen. Dann war da schließlich noch ein junger Mann, der es tatsächlich geschafft hat, unseren Boten zu überreden, eine schriftliche Nachricht mitzunehmen. Dieses ist in hohem Maße gefährlich in unseren Zeiten. Ich habe ihm versprochen, daß du den Brief in meiner Gegenwart verbrennen wirst, wenn du ihn gelesen hast. Einverstanden?» Ja, ja – alles wollte ich tun, um den kleinen Brief zu lesen. Jedes der wenigen Worte hat sich bis heute in mein Gedächtnis eingeprägt: «Geliebte Sonia! Ich habe gehört, wie Du jetzt leben mußt. Mein Herz blutet vor Sehnsucht nach Dir. M. und ich arbeiten an einer Möglichkeit, wie Du aus W. rauskommst. Auch in W. gibt es HH. Versuche, Kontakt aufzunehmen zu Isaak von HH in W. Verzweifle nicht! Mit Gottes Hilfe werden wir uns wiedersehen. In Liebe H.»

Seit dem Tod von Tante Sara habe ich nicht mehr so gezittert wie jetzt. Aber dieses Mal vor überwältigender Freude und Dankbarkeit! Ich umarme den Doktor, küsse ihn – der gütige alte Herr kann sich kaum wehren...

Jedes Wort ist mehr als ein Festessen oder ein Federbett –

Hirsch ist am Leben, und er liebt mich wie früher!! Es fällt mir nicht schwer, die Abkürzungen zu entziffern: M. – das ist Moshe Alitzki von den HH – Hashomer Hazair. Es gibt also diese Gruppe auch in W. – Warschau –, und da soll mir ein gewisser Isaak weiterhelfen können. Wie kann ich den nur finden? «Kennen Sie einen Isaak vom Hashomer Hazair in Warschau?» frage ich als erstes den Doktor.

Er schüttelt ernst den Kopf: «Liebe Sonia – ich weiß leider viel zuviel. Aber ich darf dir nicht mehr sagen, jedenfalls jetzt nicht. Um nichts auf der Welt darf ich das Leben meiner Kinder hier gefährden... Du wirst einen anderen Weg finden, um das herauszubekommen!»

Ich verstehe ihn gut. «Danke, Doktor! Haben Sie vielen, vielen Dank!» Als ich bereits überglücklich hinauslaufen will, hält er mich noch kurz auf. «Sonia, bitte, den Zettel!» Wie schwer fällt es mir, diesen Schatz herauszugeben. Noch einmal sauge ich jeden Buchstaben auf. Dann hält der Doktor in meiner Gegenwart ein brennendes Streichholz daran...

Zuerst frage ich natürlich Simson nach jenem Isaak vom Hashomer Hazair. Aber in politischen Dingen kennt sich der kleine Kerl nur wenig aus. Trotzdem verspricht er mir, sich umzuhören. Ihn quält zunächst eine andere Sorge: «Jetzt ist noch Sommer, aber bald wird es Herbst und lausekalt in Warschau. Sonia, wir können im Winter nicht hier unter der Brücke bleiben. Hilf mit, daß wir ein festes Quartier finden!!» Als ziemlich bald klar ist, daß wir nichts bei anderen Leuten, die selbst meistens schon übereinander wohnen, finden werden, beschließen wir, uns in einer Ruine in der Nalewki-Straße etwas selber zu bauen. Diese Idee begeistert uns sehr, und Tage vergehen, in denen wir nichts anderes tun, als alle möglichen «Einrichtungsgegenstände» – zumeist halbverbrannte Möbelreste aus anderen Ruinen – zusammenzuschleppen. Aus Lehm und losen Mauersteinen zimmern wir schließlich eine fast behagliche Höhle.

Auf einem unserer Beutezüge sehen wir, daß auch die Deutschen ganz in unserer Nähe zu bauen begonnen haben. Zur Zeit sind sie dabei, eine Mauer quer über die Nowolipki-Straße zu errichten und sie somit als Durchgangsstraße zu sperren. Was soll das werden, wenn es fertig ist?

Simson hat nur eines im Kopf: «Hast du gesehen, Sonia? Die haben richtigen Zement. Das wäre was für unsere Villa!» Ich weiß genau, was der kleine Pirat vorhat.

Doch bevor er seinen Beutezug richtig planen kann, soll uns eindringlich klargemacht werden, was es mit den Mauern auf sich hat: Bisher wurden wir streunenden Kinder, selbst die, die wie Simson und ich einen Davidstern tragen sollten (aber es längst nicht immer taten), eigentlich mehr oder weniger vom deutschen Militär und polnischer Hilfspolizei in Ruhe gelassen. Doch heute wird anscheinend Jagd auf alle jüdischen Kinder in Warschau gemacht!

«Schnell in unser Versteck!» ruft mir Simson zu, als ich ihm ahnungslos in unserer Straße entgegenkomme. Da sehe ich auch schon, wie eine größere Gruppe von Soldaten um die Ecke kommt und, offensichtlich die Gegend absuchend, sich in mehrere Häuser und Ruinen verteilt. «Ob sie uns gesehen haben?» flüstert er schwer atmend, als wir eng zusammengekauert in unserem Versteck hocken. Vor Schreck haben wir eine unserer neu gebauten Wände halb eingerissen, als wir hineinstürzten. So ist unser Versteck nicht gerade sehr überzeugend. Aber hinauslaufen können wir jetzt auch nicht mehr...

Dann geht alles sehr schnell: Eine Gruppe von sechs oder sieben jungen Soldaten umstellt unsere Höhle und fordert uns in polnisch und deutsch auf, mit erhobenen Händen herauszukommen. «Nicht rühren!» flüstert mir Simson ins Ohr. «Die erschießen uns, wenn wir rauskommen!» Doch die Situation ist hoffnungslos. Einer der jungen Männer tritt nur leicht gegen unser Bauwerk, und schon purzelt alles über uns zusammen. Wir sitzen im Freien, preisgegeben den Blicken und Gewehrläufen der Soldaten. Simson hält sich die Augen zu. Ich starre den jungen Männern ins Gesicht.

Offensichtlich haben die wohl mindestens ein paar ausgewachsene Partisanen hier vermutet. Jedenfalls zeigt sich jetzt Entspannung auf ihren Gesichtern, einer lächelt sogar etwas beschämt in meine Richtung. Sie bedeuten uns, aufzustehen und mit auf die Straße zu kommen. Simson weigert sich noch immer. Als ich ihn schließlich an der Hand hinter mir herzerre, sehe ich, daß der kleine Pirat vor Angst in die Hose gemacht hat...

Auf der Straße sind bereits etwa dreißig Kinder versammelt. Die meisten sehen ähnlich abenteuerlich aus wie Simson und ich, wobei ich mit meinen sechzehn Jahren tatsächlich zu den Ältesten gehöre. Wenn es nicht so schrecklich wäre, könnte man meinen, wir seien eine Schulklasse beim Ausflug, als wir schließlich über den Eingang Rymarska-Straße in das geführt werden, was die Deutschen vornehm das «jüdische Wohnviertel» nennen. Dieses Viertel geht in die Geschichte ein unter dem treffenderen Namen «Warschauer Getto».[23]

Simson rechnet noch immer damit, daß wir erschossen werden. Doch kaum haben wir das Tor in der Rymarska-Straße passiert, befehlen uns die Soldaten zu verschwinden. Wohin? Egal – «Abhauen!» lautet der Befehl. Ich lasse es mir nicht zweimal sagen. Simson hinter mir herziehend, laufe ich schnell in eine der ersten Querstraßen.

Es herrscht ein fürchterliches Gedränge und Chaos auf den Straßen des Gettos. Tausende von Menschen, alte und junge, arme und ehemals reiche, werden in die engen Straßen des Viertels getrieben. Wieder ist Tante Saras Mantel das einzige Zuhause für mich und Simson.

Besonders erschüttert mich wenige Tage später zu sehen, wie der Doktor mit seinen über zweihundert Kindern ins Getto verfrachtet wird. Doktor Korczak, bestimmt inzwischen über sechzig Jahre alt, geht mit erhobenem Kopf vor seinen Kindern durch eines der Wachtore ins Getto – ja, ich sehe, wie er sogar scherzt mit ein paar Kleinen in seiner Nähe und schließlich einen der Zwerge gar auf seine Schultern setzt. Immerhin haben ihm die Deutschen ein kleines Haus in der Sienna-Straße geräumt, so daß sie zumindest ein Dach über dem Kopf haben werden. Aber wie soll der gute Mann nur zweihundert hungrige Münder stopfen?

Als der Zug an mir vorbeikommt, kann ich nicht anders, als dem Doktor ein lautes «Shalom!» zuzurufen. Er wendet den Kopf, erkennt mich und winkt freundlich zurück. Keine Verbitterung, kein Haß steht in seinem Gesicht. Woher nimmt dieser Mann seine Kraft und seine Zuversicht?

Ohne Simson hätte ich den kommenden Winter nicht überlebt. Es sind seine Findigkeit, manchmal auch sein Mut und seine Frechheit, mit denen er immer wieder irgendwo etwas Eßbares auftreibt. Alle halten uns für Geschwister. Als der erste Schnee sein weißes Tuch über die gequälte Stadt breitet, bedeckt er einige kleine Körper, jünger als Simson, die nicht mehr die Kraft haben, noch einmal aufzustehen.

Wir hausen inzwischen nachts in einem kleinen Zimmer mit zwölf anderen Menschen, die wir alle nicht kennen. Der Gestank und die Enge sind oft nicht auszuhalten. Aber als Simson einmal Durchfall hat und selbst ein paar Tage und Nächte fürchterlichen Gestank verbreitet, bin ich unendlich dankbar, daß alle anderen es ertragen und wir nicht vor die Tür gesetzt werden.

Nicht mal mehr unsere Feiertage und Feste geben mir Orientierung im Alltag, nur noch die Hoffnung auf einen harten Kanten Brot, auf eine Stunde am warmen Feuer... Es ist noch Winter, als in unserem Quartier eine fürchterliche Läuseplage ausbricht. Ein älterer Mann empfiehlt uns, daß wir uns alle die Haare scheren lassen. Meine langen schönen Haare, die mein letzter Stolz waren, wandern in die kleine Feuerstelle im Zimmer.

Von Hirsch habe ich all die Monate nichts mehr gehört. Auch war es mir bisher nicht möglich, diesen Isaak ausfindig zu machen. Durch die Vertreibung ins Getto stimmen sowieso alle Anschriften nicht mehr... Erst als wieder Frühling wird, Frühling 1941, und Simson und ich immer noch am Leben sind, packt mich eine unbändige Energie, alles zu unternehmen, um diesen Isaak zu finden und irgendwie nach Wilna zu gelangen.

«Du bist verrückt!» meint Simson nachsichtig. «Hier aus dem Getto kommt keiner raus!»[24]

Nach Hashomer Hazair wage ich nicht zu fragen, aus Angst, vielleicht an einen Spitzel zu geraten. Aber nach Isaak frage ich immer wieder. Und es gibt unendlich viele Isaaks in Warschau, die aber immer, wenn ich nach Wilna frage, ratlos den Kopf schütteln. Wenn sie nicht aus Warschau sind, dann gehören sie meistens zu den Flüchtlingen aus dem Westen.

Eines Tages im Mai 1941 erhalte ich jedoch plötzlich einen aufregenden Hinweis. Eine alte Frau spricht mich mitten auf der Straße an und fragt, ob ich Sonia aus Wilna sei. Ich nicke sofort aufgeregt. «Dann gehe heute abend, etwa eine Stunde nach Beginn der Dunkelheit, zum nördlichen Ausgang der Chlodna-Brücke. Dort wird eine Person dich abholen. Ich soll dir als Erkennungszeichen nur den Buchstaben I sagen. Hast du mich verstanden?» Allerdings habe ich verstanden. I bedeutet Isaak, was sonst? Also hat er mich gefunden?

Die Stunden bis zum Abend kann ich kaum erwarten. Wer mag Isaak sein? Ein junger oder ein alter Mann? Die Chlodna-Brücke bildet den Übergang zwischen dem großen und dem kleinen Getto. Viel Polizei und viele Soldaten tummeln sich da. Es wird doch keine Falle sein?

Es ist ein milder Maiabend, als ich langsam auf die Chlodna-Brücke zugehe. Etwa fünfzig Meter davor tritt plötzlich ein junger Mann aus einem Eingang und ruft leise fragend meinen Namen: «Sonia?» Ich bleibe stehen, aber antworte nicht. Er winkt mir, näher zu kommen: «Ich bin Isaak!» Mein Herz schlägt bis zum Hals. Noch immer kann ich den jungen Mann nur schwer erkennen. Er hat seine Mütze tief ins Gesicht gezogen und bleibt bewußt im Dunkel des Hauseingangs. «Wie geht es Hirsch?» will ich als erstes wissen. Doch er wehrt alle Fragen meinerseits ab.

«Sonia, höre», sagt er ernst, «wir haben nur wenige Minuten. Du wirst mich nie wiedersehen. Darum jetzt keine Zeit vergeuden. Es gibt eine Möglichkeit für dich, nach Wilna zu gelangen. Noch heute nacht – willst du es wagen?» Das ist keine Frage für mich. «Wir haben einen Weg für dich vorbereitet. Du kannst in etwa zwei Wochen in Wilna sein. Ich werde dich noch heute nacht aus dem Getto bringen und einem Mann draußen übergeben, der dich bis außerhalb von Warschau geleiten wird. Dann mußt du aber auch weite Strecken allein und zu Fuß durch Wälder und andere einsame Gegenden zurücklegen.» Wieder fragt er mich: «Willst du es wagen?» Plötzlich

Kinder im Warschauer Getto (September 1941)

fällt mir mein kleiner Gefährte Simson ein. «Doch – einen Wunsch habe ich nur. Ich möchte gern einen kleinen Jungen mitnehmen, der mir mehr als einmal das Leben gerettet hat.»

Isaak verzieht keine Miene: «Völlig ausgeschlossen. Entweder allein oder gar nicht! Nur so ist es vorbereitet und kann gelingen!»

Einen Moment schwanke ich. Bin ich nicht eine Verräterin, wenn ich den Kleinen hier allein lasse? Die Entscheidung wird mir doch noch schwer, was ich nie gedacht hätte... doch dann fühle ich wieder, daß es nur diesen Weg für mich gibt.

Isaak geht voran, mit etwa fünf Meter Abstand, so daß niemand vermuten kann, wir würden zusammengehören. Plötzlich verschwindet er in einem Hof und überklettert dort einen kleinen Zaun. Kaum kann ich ihm so schnell folgen. Hinter dem Zaun kauert er unmittelbar vor der Gettomauer. «Hier kommst du gut rüber, wenn ich dir helfe. Drüben wartet ein Freund in meinem Alter. Der Name spielt keine Rolle. Hier nimm diesen kleinen Rucksack, darin wirst du alles Notwendige finden!» Bevor ich mich ans Hinüberklettern mache, ziehe ich noch Tante Saras schweren Mantel aus. «Kennst du den kleinen Simson?» Zum ersten Mal grinst er: «Ich fürchte, den kennt das halbe Getto!» Er verspricht mir, Simson den Mantel von mir zu bringen. «Und grüße bitte den Doktor von mir!» So lieb sind mir beide Menschen hier geworden.[25] Dann klettere ich auf Isaaks Schultern und springe über die Mauer auf die andere Seite.

Flucht nach Wilna

«Die erste Nacht ist am schwersten!» Das sind die letzten Worte von Isaaks Freund, als er sich in einem kleinen Wäldchen vor Warschau verabschiedet. Er hat mich sicher aus der von deutschen Soldaten streng kontrollierten Stadt geführt. Doch jetzt muß ich allein meinen Weg finden.

«Du wirst etwa vierzehn Tage bis Wilna brauchen. Auf der Landkarte in diesem Rucksack findest du alle notwendigen Informationen. Du mußt nachts laufen und dich am Tag verstecken. Meide alle Menschen. Es ist zu gefährlich. Auch Polen können dich an die Deutschen ausliefern. Noch schlimmer sind die Litauer. Nur einmal, kurz vor der jetzigen sowjetischen Grenze zu Litauen, wirst du Kontakt zu einem unserer Leute aufnehmen. Wie und wo wird dir unterwegs klarwerden, wenn du alle Anweisungen auf der Karte befolgst. Hast du alles verstanden?»

Mir rauscht der Kopf von all seinen Informationen. Ich versuche, mir meine Unsicherheit nicht anmerken zu lassen. «Ja klar, danke dir!» Er klopft mir auf die Schulter wie einem Kameraden. Kurz darauf verschwindet er in die Dunkelheit der Nacht.

Jetzt muß es bereits kurz vor Mitternacht sein. Die erste Etappe soll auf einer kleinen Landstraße bis hin zu einem deutlich sichtbaren Hügel mit drei großen alleinstehenden Tannen führen. Die zwei Ansiedlungen auf dem Weg dorthin soll ich achtsam umgehen, um nicht irgendwelche Dorfköter unnötig aufzuwecken.

Die ersten zwei Stunden vergehen ohne Probleme: Der Mond spendet mir sein fahles Licht, und das erste Dorf habe ich ohne Zwischenfälle umrundet. Eine fast euphorische Stimmung ergreift mich: Jeder Schritt führt mich näher zu dir, geliebter Hirsch.

Sogar Brot und Käse sind im Rucksack verstaut für die ersten Tage – was für Herrlichkeiten! Käse habe ich nicht mehr gegessen, seit die ersten Bomben auf Warschau gefallen waren...

Als sich der Nachthimmel kurz darauf bewölkt, beunruhigt mich dies zunächst nicht. Der Weg ist schwerer zwar, aber noch zu erkennen. Doch wo bleibt die auf dem Plan eingezeichnete zweite Siedlung? Eigentlich hätte ich sie längst passieren müssen. Habe ich etwa nach dem ersten Dorf einen falschen Weg genommen?

Ein tiefer Schrecken durchzuckt mich. Was tun, wenn ich bereits in der ersten Nacht die Orientierung verloren habe? Es ist mir doch unmöglich, einfach jemand nach dem Weg zu fragen! Verbissen gehe ich weiter. Ängstlich beobachte ich den östlichen Himmel, ob sich dort bereits erste Anzeichen eines Morgengrauens zeigen. Bis dahin muß ich mein Versteck erreicht haben, sonst bin ich verloren!

Plötzlich fange ich an zu laufen. Ich will schneller mein Ziel erreichen. Doch meine Kräfte reichen nicht lange für so ein Tempo. Außerdem erscheint es mir von einem Moment zum anderen auch wieder sinnlos, falls ich bereits nicht mehr auf dem richtigen Weg sein sollte. Und es ist gefährlich, wenn jemand ein Mädchen erblicken sollte, das nachts auf einer Straße Dauerlauf macht...

Kaum habe ich meine Nerven wieder etwas beruhigt und bin in normalen Schritt zurückgefallen, als vereinzelte Regentropfen mir ins Gesicht fallen. Nur das nicht: Was soll werden, wenn alle meine Sachen naß werden und aufweichen?

Ich soll es kurz darauf erfahren. Nur Sekunden später setzt ein solcher Wolkenbruch ein, daß ich gerade noch den Rucksack abnehmen und vor den Bauch pressen kann, um wenigstens ihn vor den Wasserfluten zu schützen. Alles andere wird klitschnaß. Weit und breit nichts, um Schutz zu finden. Nur Felder, Wiesen, fern am Horizont ein paar Hügel und kleine Wälder. Jedoch erst als mein linker Schuh in einem Schlammloch steckenbleibt und sich völlig auflöst, als ich ihn herausziehen will, gebe ich das erste Mal auf. Ich lasse mich einfach über meinen Rucksack fallen und heule hemmungslos. Meine Tränen vermischen sich mit dem Regenwasser, mein Schluchzen mit dem Prasseln der Tropfen...

So plötzlich, wie der Platzregen begonnen hat, hört er auch auf. Trotzdem kann ich ein Zittern vor Angst und Kälte kaum unterdrücken. Es bleibt nur eins: weiter!

Als sich wenig später der Sonnenaufgang am östlichen Horizont ankündigt, bin ich mir sicher, daß alles umsonst war. Man braucht eben doch mehr Erfahrung für so ein waghalsiges Unternehmen. So habe ich es aber wenigstens versucht! Ohne mich besonders zu beeilen, folge ich einfach dem Verlauf der Landstraße. Irgendwann werde ich auf ein Dorf treffen, und die Einwohner werden mich dem deutschen Militär übergeben. Simson sagte einmal, daß es für «Juden fangen» sogar eine Belohnung gäbe...

Es ist bereits heller Morgen, als ich linker Hand einen bewaldeten Hügel sehe, dessen Kuppe drei einsame Tannen krönen. Zuerst traue ich meinen Augen kaum. Gibt es so was wie eine Fata Morgana etwa auch außerhalb von Wüsten? Doch dann dringt schließlich die Wirklichkeit in mein von Erschöpfung und Resignation betäubtes Gehirn: Das muß das Ziel meiner Etappe sein!

Ohne Zögern springe ich von der Landstraße und laufe so schnell ich kann zum Waldrand. Atemlos erklimme ich den

Hügel und finde tatsächlich auf Anhieb die angekündigte Kerbe im Stamm der nördlichsten Tanne. Ein Wunder! Ich habe es geschafft! Kaum verschwende ich noch Gedanken an die Frage, wo denn die zweite eingetragene Siedlung geblieben sein mag. Ob Gott mich das letzte Stück geführt hat? Bevor ich etwas anderes tun kann, flüstere ich stockend die Worte zu einem langen Dankgebet...

Das Versteck selbst ist nicht mehr als ein aus Zweigen primitiv errichteter Unterstand, der mehr vor Blicken schützen mag als vor Kälte oder Nässe. Doch nach dem nächtlichen Wolkenbruch steigt nun die Sonne zu einem klaren blauen Sommerhimmel auf. Welch ein Geschenk!

Vorsichtig schaffe ich ein Loch in der Decke des Unterstandes, damit die wärmenden Strahlen hereindringen können. Ich habe keine Angst, mich völlig nackt auszuziehen, damit meine Sachen schneller trocknen können. Nur meine ohnehin schon mehrfach geflickten Schuhe kann ich nicht mehr reparieren. Ich werde ab morgen barfuß laufen müssen. Nachdem ich ein kleines Stück Brot mit Käse gegessen habe, werde ich plötzlich todmüde. Wohlig spüre ich den weichen und wärmenden Waldboden an meiner Haut. Ein tiefer, traumloser Schlaf gibt mir Kraft und Mut für die nächste Nacht.

Bis jetzt hat Isaaks Freund recht behalten: Die erste Nacht war wirklich die schwerste! Das gute Sommerwetter ist beständig geblieben. Auch habe ich es geschafft, allen Menschen aus dem Weg zu gehen. Nur einmal rief mir von weitem ein Bauer etwas zu, was ich nicht verstand. So winkte ich einfach beherzt zurück – und zum Glück geschah nichts weiter.

Heute ist der zehnte Tag meiner Flucht. Die wohl schwierigste Aufgabe steht mir für die kommende Nacht bevor. Nahe der sowjetischen Grenze von Litauen soll ich Kontakt aufnehmen zu polnischen Partisanen. Bis jetzt habe ich keine Vorstellung, wie das gehen soll. Meine Landkarte weist lediglich eines der üblich getarnten Verstecke auf sowie das Wort: «Warten!» Wie lange? Auf wen oder was? Wie ich vermutete, ist das Versteck menschenleer, als ich es im Morgengrauen erreiche. Auch sonst kann ich keine weiterführenden Hinweise entdecken. Nicht einmal Proviant erwartet mich, obwohl es bereits drei Nächte her ist, daß ich Nahrung vorfand...

Doch der Tag wird wieder warm, und so verbringe ich die ersten Stunden mit dem inzwischen fast zur Gewohnheit gewordenen Tagesschlaf. Bis zum Abend tut sich ebenfalls nichts. Gleichwohl bleibt mir nichts übrig, als zu warten. Mein Plan weist keinen neuen Zielpunkt auf. Und allein zu versuchen, über die Grenze zu kommen, erscheint mir zu gewagt. So verbringe ich seit langem die erste Nacht nicht unterwegs, sondern in der kleinen Höhle.

Wohl fühle ich mich nicht hier. Nur für morgen reicht noch mein Rest Brot. Zwar gibt es einen kleinen Bach in der Nähe zum Trinken. Aber es ist auch mehr das Warten als der Hunger, das an den Nerven zu zerren beginnt und alle möglichen Phantasien hervorruft. Immer weniger gelingt es mir, die Wartezeit durch Schlafpausen zu verkürzen. Kaum schließe ich die Augen, marschieren ganze Regimenter deutscher Soldaten auf meine kleine Höhle zu oder dröhnende Bomberstaffeln kommen im Sturzflug auf mich herunter.

Als der dritte Tag anbricht, ohne daß etwas geschieht, mache ich mich auf, um zumindest die nähere Umgebung zu erkunden. Zur Sicherheit lasse ich ein kleines Stück meines Plans in der Höhle, so daß jemand, der vielleicht in der Zwischenzeit kommt, erkennen kann, daß ich bereits da bin. Schon nach wenigen Schritten merke ich, wie sehr das lange Herumliegen ohne Nahrung meiner Kondition geschadet hat. Ich fühle mich schwach. Nach höchstens hundert Metern plagen mich heftige Schwindelanfälle. Die Gegend ist zum Osten hin bewaldet, zum Westen hin leicht hügelig und eher karg. Am nördlichen Horizont kann ich einen kleinen Hof ausmachen, ohne zu erkennen, ob er bewohnt ist.

Wenn es hier in der Nähe eine Partisanengruppe gibt, so vermute ich sie am ehesten im bewaldeten Osten. Aber wie soll ich dieses undurchdringliche Gebiet erkunden? Mutlos schleppe ich mich zu meiner Höhle zurück...

Was für eine Folter kann es sein, sinnlos zu warten. Bin ich so weit gekommen, daß ich hier elendig in einer Erdhöhle verrecken muß?

In der fünften oder sechsten Nacht kündigt plötzlich ein Rascheln und Scharren am Eingang Besuch an. Ich bin zu schwach, um mich aufzurichten, zu schwach selbst, um Freude zu zeigen. Es ist die Stimme einer Frau, die an mein Ohr dringt: «Sonia? Bist du Sonia?» Die Stimme kommt mir seltsam bekannt vor. Gleichzeitig traue ich meinen Wahrnehmungen in meinem Zustand nur wenig. Kaum daß ich sprechen kann, flüstere ich: «Wer bist du?» Doch die Frau antwortet zunächst nicht. Sie tastet sich in der Höhle vor, legt beide Hände sanft um mein Gesicht: «Mein Gott – du bist es wirklich – Sonia!» Noch immer kann ich die Frau nicht erkennen. Endlich holt sie aus ihrem Rucksack irgend etwas heraus und stellt es auf. Gleich darauf höre ich das Klappern einer Streichholzschachtel und den zischenden Laut beim Aufflammen des kleinen Hölzchens. Mit dem Rücken zu mir zündet die Frau die Kerze an. Dann dreht sie sich langsam zu mir um: «Sonia, liebe Sonia, erkennst du mich jetzt?»

Ich glaube meinen Augen nicht zu trauen. Aber es besteht kein Zweifel – vor mir hockt die gute Lea aus dem Papiergeschäft in der Wilnaer Pilsudski-Straße!

«Lea!» stoße ich hervor und lasse mich glücklich in ihren Schoß fallen. Dann lassen wir beide unseren Tränen freien Lauf.

Später, nachdem ich mich von Leas mitgebrachter Nahrung habe stärken können und noch einmal bis zum Morgen in tiefen Schlaf gefallen war, verbringen wir den ganzen Tag mit ausgiebigem Erzählen. Ich kann es immer noch kaum fassen: «Du, Lea – bei den Partisanen?» – «Weißt du, Sonia», antwortet sie ernst, «im Irrenhaus wurde mir allmählich klar, daß ich nur zwei Möglichkeiten habe: Entweder werde ich vor Angst immer tiefer dem Wahnsinn verfallen – oder ich unternehme etwas gegen meine Angst. Als ich das begriffen hatte, brauchte ich bald keine Medikamente mehr!» – «Aber wie bist du zu den Partisanen gekommen?» – «Das war in der Tat viel schwieriger, als aus dem Irrenhaus herauszukommen. In Wilna haben sich die Litauer gegen uns Juden schrecklich aufgespielt, seit die Russen in der Stadt sind. Gegen uns und gegen die Polen ging es meistens. Aber kaum jemand hat sich bisher wirklich dagegen gewehrt. Einige junge jüdische Männer sind in die Sowjetunion emigriert. Ich wollte aber etwas gegen die Nazis tun, die mich aus meiner Heimat Deutschland vertrieben haben. So versuchte ich, Kontakt zu polnischen Partisanen aufzunehmen.» – «Und weiter?» frage ich ungeduldig. Nicht zu glauben: die brave Lea Müller mit ihrem Papiergeschäft. Früher trug sie nur ordentliche Kleider, hatte immer das Haar elegant frisiert – und jetzt? Vor mir sitzt eine kräftige, sonnengebräunte Frau mit Hosen und einer Herrenlederjacke. Ihr langes Haar ist unter einer Schirmmütze verborgen. Ein Gewehr hat sie nicht. Aber in ihrem Gürtel steckt unübersehbar eine alte Armeepistole.

«Erst hat mir kein Mensch getraut, und ich habe einfach keine Kontakte bekommen. Einige dachten, ich sei ein deutscher Spitzel; andere vermuteten, ich sei endgültig durchgedreht. Schließlich aber, weil ich nicht lockerließ, kam ich zu einer Art Partisanen-Prüfungskommission – und wurde aufgenommen. Das war vor einem halben Jahr.» – «Und wie bist du da auf mich gekommen?» – «Unser Kommandeur berichtete von einem Auftrag, bei dem ein jüdisches Mädchen aus Warschau nach Wilna zu bringen sei. Ich meldete mich spontan für die Aufgabe. Als ich nähere Instruktionen erhielt und deinen Namen erfuhr, bin ich fast umgefallen. Das kannst du dir sicher denken, nicht?» Ich nicke glücklich. Welch eine Freude – Lea ist doch schon ein Stück Wilna. «Wie geht es Hirsch?» frage ich erst jetzt. «Nun», Lea zögert kurz. «Ich habe ihn seit sechs Monaten nicht mehr gesehen. Aber es muß ihm wohl gutgehen, denn, soweit ich weiß, haben er und Moshe Alitzki über Hashomer Hazair es zustande gebracht, daß ein Plan für dich erstellt wurde. Aber ich muß dir dabei noch etwas gestehen...» Wieder zögert Lea. «So sprich doch!» dränge ich sie. «Es ist nicht nur wegen euch beiden und eurer Liebe, Sonia, daß die Partisanen zugestimmt haben zu dem Plan. Du bist gleichzeitig ohne dein Wissen als Botin für wichtige Dokumente benutzt worden!» Was meint Lea damit? «Ich habe doch außer meinem inzwischen leeren Rucksack nichts transportiert. Hier – sieh selbst!» Ich drehe den Rucksack vor ihren Augen um. Doch Lea lächelt nur freundlich und nimmt ihn mir vorsichtig aus der Hand. «Schau mal, Sonia!» Mit diesen Worten schlitzt sie den Boden des Rucksacks mit einem kleinen Messer auf. Ein wasserfest verschlossener Umschlag fällt heraus. Ich mache große Augen.

«Es ist gut, daß du davon nichts wußtest, liebe Sonia!» Sie umarmt mich liebevoll. Wir schmiegen uns sanft aneinander. Als wäre unsere kleine Erdhöhle ein Ort weit, weit weg von Krieg, von Hunger und Elend, von Tod und Zerstörung...

Erst als es völlig dunkel ist, brechen wir auf. Lea hat einen anderen Rucksack für mich mit, in dem ein neuer Plan und Proviant für das letzte Stück von der Grenze bis nach Wilna liegen. «Du darfst jetzt vor allem keinen Litauern in die Hände fallen, ansonsten ist die größte Gefahr für dich vorüber, wenn wir die Grenze überschritten haben.»

Lea scheint sich des Weges überaus sicher. Jenseits von Straßen und Wegen bahnt sie uns eine Strecke quer durch Gestrüpp, über mehrere bewaldete Hügel und schließlich sogar durch zwei kleine Flüsse an Stellen, wo das Wasser nicht höher als bis zum Knie reicht.

Noch vor Mitternacht hält sie plötzlich an und zieht mich zu sich auf einen erhöhten Baumstumpf. «Jetzt sind wir in Litauen, Sonia! Hier gibt es keine deutschen Soldaten mehr. Wenn du dich genau an den Plan hältst, wirst du in vier oder fünf Tagen in Wilna sein. Wahrscheinlich erkennst du die Gegend auch schon etwas vorher!»

Meine Kehle ist wie zugeschnürt. Was war das für ein Wiedersehen! Und nun schon wieder Abschied... «Danke, Lea!» Lange und stumm umarmen wir uns. Dann, fast gleichzeitig, springen wir vom Baumstumpf und laufen jeder in die entgegengesetzte Richtung, ohne uns umzudrehen.

Die landschaftlich bezaubernde Umgebung Wilnas erreiche ich genau nach Plan. Doch jetzt habe ich Angst, so zerrissen und barfuß, wie ich bin, einfach in die Stadt zu gehen. Obwohl ich meine Ungeduld kaum mehr zügeln kann, warte ich bis zum Einbruch der Dunkelheit und laufe dann schnell durch die vertrauten Straßen bis zu meinem Elternhaus. In unserem Wohnzimmer brennt Licht.

Als ich den Klingelknopf an unserer Wohnungstür drücke, zucke ich beinahe zusammen, als die laute Glocke ertönt. Kaum kann ich es glauben, wirklich hier zu sein. Es ist mein Bruder Abraham, der öffnet, nur eine Sekunde stutzt und dann auf mich zuspringt: «Sonia, Sonia!» Einen Moment später steht die restliche Familie in der Tür: Alle weinen und rufen durcheinander. Als im Stockwerk über uns eine Tür neugierig geöffnet wird, zieht uns Mutter schnell in die Wohnung. Wie betäubt trete ich ins Wohnzimmer. Auf dem Tisch brennen bereits die beiden Shabbat-Kerzen. [26] Der Vater scheint gerade dabeigewesen zu sein, das Brot zum Segen zu brechen. So war es tatsächlich: Ich bin heimgekommen nach Wilna an einem Shabbat-Abend – am Freitag, dem 20. Juni 1941.

Erst als ich von Vater erfahre, daß du in der Stadt bist und daß es dir gutgeht, willige ich ein, die erste Nacht daheim zu bleiben und nicht sofort hinüber zu dir zu laufen. Das will ich gleich morgen tun. Morgen am Samstag. Morgen – nur noch wenige Stunden . . .

Der Überfall

Das erste, was ich nach beinahe zwei Jahren Trennung von dir sehe, sind deine Augen, deine hellblauen strahlenden Augen. Deine warme, kräftige Hand liegt sanft auf meinem Arm, und du schaust mir besorgt ins Gesicht: «Hast du gut geschlafen, Sonia?»

Nur langsam komme ich zu mir. Fast habe ich Angst, daß

alles wieder nur ein Traum ist, den ich durch eine falsche Bewegung oder ein unbedachtes Wort zerstören könnte. Ich schließe noch einmal die Augen, öffne sie wieder – du bist noch immer da!

Jetzt erst richte ich mich im Bett auf, schlinge beide Arme um deinen Hals und ziehe dich hinunter zu mir in die Kissen. Als dein Gesicht ganz nah an meinem liegt, sehe und spüre ich erst, wie sehr auch du dich in den letzten beiden Jahren verändert hast: Deine Arme und Schultern sind kräftiger geworden; auch wenn du ordentlich rasiert bist, fühle ich, daß dein Bartwuchs begonnen hat; durch deinen geöffneten Hemdkragen erkenne ich auch männliche Haare auf der Brust bis hinauf zum Hals. Schließlich hast du deine schönen Locken abgeschnitten und trägst einen kurzen, fast militärischen Haarschnitt.

Auch du schaust mich lange schweigend und doch so zärtlich an. Wie mag ich auf dich wirken mit meinen wild abgeschnittenen Haaren, den noch dreckigen und abgestoßenen Fingernägeln und den dunklen Ringen unter den Augen? Doch das scheinst du alles nicht zu sehen. Du guckst mich so verliebt an, daß mein Herz fast zerspringen möchte vor Freude. Wir haben es geschafft – wir sind wieder zusammen!

Als ich schließlich aufstehe, merke ich erst, daß es bereits Samstag nachmittag ist. Fast zwanzig Stunden habe ich in meinem alten Kinderbett geschlafen. Abraham, mein lieber Bruder, hatte es nicht fertiggebracht, mich zum Frühstück zu wekken. Statt dessen war er hinübergerannt zu Hirsch, um ihm Bescheid zu sagen, daß ich heil wieder da wäre. Hirsch hat daraufhin sofort alles stehen- und liegenlassen und ist zu uns gelaufen. Seit dem Morgen hatte er mucksmäuschenstill neben meinem Bett gesessen, um mich nur ja nicht aufzuwecken.

Für den Abend hat mein Vater Freikarten für ein Festspielkonzert russischer Musiker in der Philharmonie. Auch Hirsch wird wie selbstverständlich mit eingeladen. Doch ein einziger Blick zwischen uns beiden genügt – wir wissen, daß wir den Abend allein miteinander verbringen möchten. Weder Vater noch Mutter legen Protest ein – auch sie sind inzwischen älter geworden. Vor allem bei Mutter spüre ich, daß sie über die sichtbare Zärtlichkeit zwischen Hirsch und mir, die durch nichts hat zerstört werden können, in ihrem Innersten berührt ist. Vater schmunzelt mir zu: «Sonia, es ist ja nicht das erste Mal, daß du einen Kunstgenuß sausen läßt!» Wir müssen alle lachen. Ach, ist das lange her, daß ich damals als kleines Mädchen weglief, um meinen Zeltlagerschwarm zu besuchen...

Zu Hirsch gewandt, sagt er wie unter erwachsenen Männern: «Weißt du, dieses Konzert wird wirklich ein Genuß! Die Russen haben solche genialen Komponisten. Ach, und die Deutschen erst... Wenn die doch nur mit ihrer Musik die Welt erobern würden. Wer würde sich in den Weg stellen?»

Wir verabreden, meine Eltern und meinen Bruder zum Konzert zu bringen und dann aber wieder zu mir nach Hause zu gehen. Ich schaffe es gerade noch, zu baden und mir frische Sachen anzuziehen. Eine Bluse borge ich mir von Mutter – meine sind mir alle zu kindlich. Auf dem Weg zum Konzert denke ich einmal: So wie jetzt, wie genau jetzt in diesem Moment – so möchte ich gern leben. Zusammen mit Menschen, die mich achten und die ich gern haben kann. Und in einer Umgebung, die uns alle gemeinsam leben läßt...

Auf dem Rückweg machen wir noch einen Besuch in meinem geliebten Botanischen Garten. Es ist ein wunderschöner warmer Juniabend, und heute gehöre ich, gehören wir zu den Liebespaaren, die eng umschlungen die hübsch angelegten

Parkwege entlangschlendern. Ich freue mich zu hören, daß du inzwischen weitere Erfolge als Dichter hattest. Wobei dir nicht die Erfolge wichtig sind, sondern daß du die Menschen mit deinen Worten erreichst, ihnen Mut machst, sie stärkst in ihrer Menschlichkeit. Ja, so ähnlich erklärst du es mir – und ich verstehe dich gut.

Daheim angekommen, ist es bereits stockdunkel in der Wohnung. Als ich das Licht einschalten will, legst du deine Hand auf meine und sagst: «Warte, Sonia, ich will uns eine Kerze anzünden!»

Wir tragen die Kerze in mein Zimmer und schließen leise die Tür. Noch nie warst du am Abend in meinem Zimmer, noch nie waren wir ungestört in einer Wohnung allein. Aber nicht das ist es, was uns beide plötzlich vor Aufregung zittern läßt, sondern all die aufgestaute Sehnsucht, all die Zärtlichkeit und Liebe, von der wir beinahe zwei Jahre nur träumen konnten, bricht sich auf einfache Weise Bahn...

Ich bin es, die dir zuerst die Jacke abstreift und deine Hemdknöpfe öffnet. Du stehst mit geschlossenen Augen vor mir, bei jeder Berührung meiner Hände erschaudernd, stumm, bebend. Deine Haut ist noch dunkler, als ich sie in Erinnerung habe, dunkelbraun, warm, dunkle kurze Haare auf deiner Brust bis hinunter zum Bauchnabel. Erst jetzt nimmst du meine Hand, führst sie über dein Gesicht, deinen Hals hinunter bis zum Bauch. Dann ziehst du mich langsam an dich. Unsere Körper glühen, als wir uns aneinanderpressen, wieder loslassen, die letzten Kleidungsstücke sanft abstreifen, uns wieder aneinanderschmiegen...

Keinerlei Schuldgefühle habe ich damals empfunden. Es war so wunderschön mit dir das erste Mal, daß ich tief in meinem Herzen spüre, daß wir ein Recht hatten, es miteinander zu erleben. Es war ein klares Gefühl, gar nicht mal romantisch oder schwärmerisch. Das hatten wir lange genug gehabt.

Was wir getan hatten, war gegen jede moralische und religiöse Erziehung, die wir beide erfahren hatten und auch achteten. Aber eben nur in einem oberflächlichen Sinne war es dagegen. Heute denke ich, daß wir in ganz besonderer Weise die Gebote beachtet haben.

Ich sträube mich jedenfalls dagegen, diese wunderschönste Nacht meines Lebens durch die besonderen historischen Umstände zu rechtfertigen, wie ich es später von manchen anderen gehört habe. Nein, wir haben uns einfach sehr lange sehr liebgehabt. Das ist alles. Wir haben nicht gefühlt, nicht im entferntesten geahnt, daß wir eine solche Nacht nie wieder würden erleben können...

Am nächsten Morgen erwachen wir, noch bevor jemand anders in der Wohnung zu hören ist. Ein klarer Himmel verspricht einen weiteren warmen Sommertag. Wie schön ist es, neben dir wach zu werden... «Wollen wir heute zum See schwimmen gehen? Es ist doch Sonntag, unser Laden hat dicht, und ich habe den ganzen Tag frei für dich!» Ich bin zunächst sprachlos über all deine morgendliche Energie. Trotzdem nicke ich schon mal zustimmend. Als du kurz darauf aus dem Bett springen willst, versuche ich, dich festzuhalten. Du lachst und machst dich geschickt frei. «Du, Sonia, wir wollen es deinen Eltern nicht zu schwer machen. Ich laufe jetzt los, bevor sie wach werden, und packe uns alles zusammen für das Picknick. Nachher hole ich dich ganz brav ab, ja?» Noch einmal küssen wir uns liebevoll – dann schleichst du leise aus dem Zimmer...

Nur einen Moment später klopft es an meine Tür. Es ist Abraham, der seinen Kopf neugierig hereinsteckt: «War's schön mit deinem Mann, kleine Schwester?» Er grinst so fröhlich, daß ich ihm nicht böse sein kann. «Laß das noch unser Geheimnis bleiben, ja?» bitte ich ihn ernst. «Unter einer Bedingung», antwortet er, beide Hände herausfordernd in die Taschen seiner Schlafanzughose gestemmt. «Und die wäre?» – «Daß ihr mich mit zum Picknick nehmt!» So ein Lümmel, hat er doch tatsächlich gelauscht. «Erpressung!» rufe ich, Empörung vortäuschend, und schleudere ein Kissen in seine Richtung. Mit mindestens drei Sofakissen auf einmal eröffnet er das gegnerische Feuer. Erst als ein von der Wand geschossener Kupferteller klappernd zu Boden fällt, schließen wir Waffenstillstand. Bis zum Frühstück hocken wir zusammen und erzählen uns, was wir alles erlebt haben in den vergangenen Monaten. Wie schön ist es, einen solchen Bruder zu haben...

Kurz vor 10 Uhr am Sonntagmorgen, dem 22. Juni 1941, stehen wir mit drei Fahrrädern vor unserem Haus und warten auf Hirsch. Unbeschwert freuen wir uns auf den vielversprechenden Tag. Und da kommt er auch schon mit einem Riesenpicknickkorb, als wollten wir drei Wochen auf Campingtour gehen. «Meine Eltern lassen dich herzlich grüßen, Sonia, und du mußt unbedingt die nächsten Tage vorbeikommen!» berichtet Hirsch. Abraham und ich haben die Handtücher und Decken schon aufgeschnallt. In dem Moment, als wir den Korb auf Abrahams Rad befestigen wollen, gehen in Wilna plötzlich die Luftschutzsirenen los. Vor Schreck lasse ich mein Rad fallen und halte mir die Ohren zu. Zu vertraut ist mir dieser entsetzliche Klang noch von Warschau.

Doch die beiden jungen Männer bleiben ganz gelassen. Hirsch nimmt mich beruhigend in den Arm: «Sonia, das ist bestimmt nur eine Probe. Das machen die alle paar Wochen hier...»

Doch dann hören wir Sekunden später von Westen her unverkennbar Flugmotorenlärm sich nähern. Wir versuchen etwas am Himmel zu erkennen. Bevor etwas zu sehen ist, hören wir kräftige Detonationen vom Stadtrand her. Die Flugzeuge scheinen sich wieder zu entfernen.

Jetzt machen auch Hirsch und Abraham ernste Gesichter. «Was kann das sein?» Inzwischen haben auch meine Mutter und andere Nachbarn die Fenster geöffnet und rufen uns zu: «He – was war das? Habt ihr von da unten etwas gesehen?» Allgemeine Ratlosigkeit. Für mich ist jeder Zweifel ausgeschlossen: «Die Deutschen kommen!» schreie ich, so laut ich kann. Und wieder: «Die Deutschen kommen!»

Die Leute gucken weiter irritiert. Einen Nachbarn höre ich sagen: «Das arme Kind, die hat viel durchgemacht!» Ohne länger zu zögern, nehme ich Hirsch und Abraham an der Hand und ziehe sie in den Hausflur: «Ihr müßt mir glauben! Ich kenne diese Flugzeuggeräusche. Das ist keine Übung, das ist Ernst!!» – «Aber die Deutschen und die Russen haben doch einen Nichtangriffspakt geschlossen», wendet Abraham unsicher ein. «Na und?» antworte ich kurz. Jetzt darf keine Zeit verloren werden. «Abraham und Hirsch – wir müssen von Wilna fliehen, so schnell wir nur können, weiter nach Osten! Hirsch, nimm das Fahrrad und sage es deinen Eltern und deiner Schwester! Wir müssen unsere Eltern ganz schnell überzeugen... Laßt uns in einer Stunde am Bahnhof treffen!»

Abraham schaut weiter ungläubig. Doch Hirsch hat mich verstanden. Er saust auf dem Fahrrad davon. Abraham fängt bereits im Hausflur wieder an: «Aber die Behörden hier in Wilna würden uns doch informieren, wenn es zum Krieg zwischen Deutschland und der Sowjetunion gekommen wäre. Vielleicht irrst du dich ja doch, Sonia?»[27]

Meine Eltern weigern sich, auch nur einen Koffer zu packen.

«Sonia, Wilna ist doch nicht Warschau! Das waren vielleicht nur verirrte Flieger. Und wo sollen wir denn hin, um alles in der Welt?» Vater wiederholt, was er schon seit Jahren sagt: «Ich gehe nur, wenn das Orchester geht!»

Plötzlich fühle ich mich schrecklich erwachsen – und empfinde meine Eltern wie verunsicherte Kinder, die nicht wagen, der Wirklichkeit ins Gesicht zu schauen. Stumm mache ich mich daran, einige lebenswichtige Dinge zusammenzupacken. Ich habe die Hölle bereits kennengelernt. Um keinen Preis will ich noch einmal hineingeraten.

Noch während ich packe, fährt ein Lautsprecherwagen der sowjetischen Militärverwaltung an die nächste Straßenkreuzung. Überall werden die Fenster aufgerissen. Nach einigem Geknister und Geknatter wird eine Rede des sowjetischen Außenministers Molotow verlesen – in drei Sprachen. Sinngemäß lautet sie: «In den frühen Morgenstunden hat uns Deutschland hinterhältig und ohne Kriegserklärung überfallen. Die deutsche Wehrmacht befindet sich bereits auf sowjetischem Staatsgebiet. Truppen sind im Anmarsch auf Wilna. Wir fordern die Zivilbevölkerung auf, alles zum Schutz vor Luftangriffen Notwendige zu tun . . .»

Alles zum Schutz tun? Diese Sprüche kenne ich gut aus Warschau. Wie soll sich eine Zivilbevölkerung vor Luftangriffen denn schützen, nachdem die Politiker und Militärs versagt haben? Verbissen packe ich weiter meine Sachen zusammen. Auch Mutter legt ihren Schmuck und ein paar Fotos mit zittrigen Händen in eine kleine Kiste. Aber zum ordentlichen Packen ist sie nicht zu bewegen.

Ich bin selbst überrascht, mit welcher Entschiedenheit ich handeln kann. Wenn nur Hirsch pünktlich zum Bahnhof kommt . . .

«Bitte, laß uns nicht wieder so lange allein, Kind», sagt Mutter, als ich mich kurz darauf von ihr verabschiede. «Mama, komm doch bitte, bitte mit!» flehe ich sie ein letztes Mal an. Doch sie schüttelt nur den Kopf. Vater und Abraham umarmen mich liebevoll und hilflos zugleich.

Bevor ich den Bahnhof erreiche, heulen erneut die Sirenen auf. Ich haste, so schnell ich kann, vorwärts und erreiche die große Abfertigungshalle gerade, als die ersten Bomben auf Wilna heruntergehen. Alle Leute stieben auseinander und suchen Schutz, wo es nur geht. Gerade, als ich wieder aus der Halle herauslaufen will, rennt mir Hirsch in die Arme.

«Komm in Deckung!» rufe ich ihm zu und zerre ihn mit unter einen Gepäckanhänger. Durch den Lärm der Detonationen schreien wir uns gegenseitig zu: «Sonia, bitte bleibe hier! Mein Vater kann mit seinem kranken Bein nicht auf die Flucht gehen – und ich darf und will ihn nicht allein lassen! Aber ich kann doch auch dich nicht allein lassen!»

«Aber Hirsch, hier wird er umgebracht werden! Wir müssen ihm eine Trage oder einen Holzwagen oder irgend etwas bauen. Wenn die Deutschen hierherkommen, sind wir alle verloren!!»

«Sonia, ich kann nicht fortgehen!» – «Hirsch, bitte komm mit!» – «Sonia!» Hirsch laufen Tränen übers Gesicht. Daß ich ebenfalls weine, seit die ersten Bomben heruntergekommen sind, merke ich erst jetzt. Voller Verzweiflung starren wir uns an. Um uns herum ein irres Getöse – der Bahnhof hat einen Treffer erhalten. Menschen brüllen wild durcheinander. Kaum auszumachen, wer wirklich verletzt ist. «Hirsch, ich habe dich lieb und will dich nie wieder verlassen», sage ich leise vor mich hin, als ich sein liebes, verweintes Gesicht betrachte. Er hat kein Wort verstanden. «Was sagst du?» schreit er mich an. «Sonia, bleibst du bei mir?» Ich nicke stumm. Wir umarmen uns lange unter dem kleinen Gepäckwagen auf dem Bahnhof von Wilna...

Als nach einer ganzen Weile eine erste Ruhepause eintritt, ist schnell klar, daß heute von diesem Bahnhof keine Züge mehr fahren werden. Für einen Moment stehen Hirsch und ich unschlüssig vor der angeschlagenen Halle. Wir verabreden, daß wir beide noch einmal mit unseren Eltern sprechen wollen. Nur gemeinsam werden wir Wilna verlassen oder gemeinsam hierbleiben. Egal, was kommt...

Kaum haben wir uns getrennt, als sich ein neues Bombergeschwader hörbar ankündigt. Außer Atem erreiche ich mein Elternhaus, das zum Glück bisher verschont geblieben ist. Meine Eltern und Brüder sitzen wie versteinert im Hof unter einem Dach. Im Keller ist irgendeine Wand bereits von der Erschütterung zusammengefallen. Ein paar junge Männer sind dabei, den Keller mit Balken abzustützen. Vater hat offensichtlich einen Schock erlitten. Als er mich sieht, sagt er nur tonlos: «Ich bleibe!» Mutter, Abraham und ich betrachten uns gegenseitig sorgenvoll. Wir sind fürs erste heil geblieben – aber wie wird es weitergehen?

Die Bombardierung dauert noch die ganze Nacht bis zum nächsten Morgen an. Dann ist Stille. Keine Sirene mehr, keine Bomber. Auch sieht man keine sowjetischen Soldaten mehr. Stehen die Deutschen etwa schon vor der Stadt?

Gegen Vormittag geht das Gerücht, daß heute zwei Züge Wilna in Richtung Osten verlassen sollen. Hirsch bestätigt die Nachricht, als er am Mittag durch die angeschlagene Stadt zu uns kommt. Wie froh bin ich, daß er heil geblieben ist. Auch seine Familie ist unversehrt. Nachdem es seit dem Morgen ruhig geblieben ist, setzt heute eine Massenflucht nach Osten ein.[28] Ich schaue nur Hirsch an: «Wird dein Vater mitkommen können?» Hirsch schüttelt traurig den Kopf: «Es hat keinen Sinn. Du wirst es verstehen, wenn du ihn siehst!» Damit steht für mich fest – ich bleibe bei Hirsch, ich bleibe in Wilna.

Wir können nicht wissen, daß die meisten Flüchtlinge ihr Ziel nicht erreichen werden. Deutsche Flieger nehmen die Flüchtlingstrecks gezielt unter Beschuß. Selbst diejenigen, die die alte sowjetische Grenze erreichen, kommen nicht weiter, weil die Grenzstellen nur eine kleine Zahl von ihnen hereinlassen. Die meisten müssen umkehren und werden zurück nach Wilna getrieben. Dort treffen sie diejenigen als Sieger an, vor denen sie geflohen sind: Am 24. Juni 1941 rollt die deutsche Wehrmacht mit Panzern in Wilna ein. Die Litauer begrüßen sie mit Blumen an den Straßen. Die Polen schweigen. Wir Juden wissen, was droht.[29] Unsere Befürchtungen werden weit übertroffen werden...

Der Weg nach Ponar

Noch am Abend des deutschen Einmarsches in Wilna treffen wir uns mit anderen Jugendlichen vom Hashomer Hazair bei Moshe Alitzki. Etwa die Hälfte der Gruppe ist nicht erschienen – ein Teil, weil sie als Flüchtlinge die Stadt verlassen haben; ein anderer Teil hat sich einfach nicht mehr auf die Straße getraut. Und dies nicht ohne Grund.

«Jakob, Gideon und Majda sind heute nachmittag von der Straße weg verhaftet worden!» weiß Moshe zu berichten. «Und warum?» – «Warum fragst du?» Moshe ist so erregt, wie ich ihn noch nie gesehen habe. «Weil sie Juden sind – nur deshalb! Eine Bande von Litauern hat sie erst angepöbelt, dann zusammengeschlagen und schließlich im Lukiszki-Gefängnis abgeliefert. Dort haben sie von den Deutschen sogar noch Geld zur Belohnung bekommen!!»

Yoav und Joseph berichten, daß ihre Väter einfach aus der Wohnung abgeholt worden sind. Wieder ohne Angabe von Gründen. Einfach abgeholt und ins Gefängnis geworfen. «Was wird mit ihnen im Gefängnis?» will ich von Moshe wissen. Moshe zuckt die Achseln: «Wenn die so weitermachen, ist das Wilnaer Gefängnis noch heute nacht mit unschuldigen Juden überfüllt. Was morgen und übermorgen wird? Ich kann euch nur raten, euch möglichst zu verstecken, bis die erste Terrorwelle vorbei ist. Wie ich die Deutschen kenne, werden die bald mit Verordnungen kommen. Deshalb wird's nicht besser, aber man erhält wenigstens etwas Überblick...»

Die wilden Verhaftungen halten auch die nächsten Tage an. Abraham, Hirsch und sein Vater verstecken sich in einer kleinen Kammer in Klein-Schnippischok. Mein Vater weigert sich weiter, Vorsichtsmaßnahmen zu treffen. Er sitzt mit seiner Trompete in der Hand im Wohnzimmer und starrt vor sich hin. Einmal kann Mutter ihn gerade noch daran hindern, seine Trompetenübungen zu machen...

Am 3. Juli 1941 kommen tatsächlich die ersten sogenannten Bekanntmachungen von der deutschen Militärverwaltung heraus, die in deutsch, polnisch und russisch an Häuserwände geklebt werden. Darin heißt es, daß alle Juden einen etwa 10 cm großen Davidstern fest aufgenäht auf Rücken und Brust zu tragen hätten, daß Juden sich zwischen 6 Uhr abends und 6 Uhr morgens nicht mehr auf der Straße aufhalten dürften und daß Zuwiderhandlungen schärfstens bestraft würden.

Fast täglich werden neue «Bekanntmachungen» veröffentlicht, so schnell, daß es gar nicht leicht ist, immer auf dem laufenden zu sein: Bald dürfen wir nur noch zwei Stunden am Tag einkaufen, dann nur noch in jüdischen Geschäften. Kurz darauf ist der Besuch von Restaurants, Kinos und Theatern untersagt. Eines Morgens muß ich lesen, daß hohe Gefängnisstrafen darauf stehen, wenn Juden sich weiter erdreisten, den Botanischen Garten zu betreten.

Am schlimmsten ist jedoch, daß die Verhaftungswelle nicht abreißt. Es müssen bereits weit über tausend jüdische Männer sein, die zuerst ins Lukiszki-Gefängnis und von dort in Richtung Ponar transportiert worden sind. Ponar ist ein Waldgebiet etwa acht Kilometer außerhalb von Wilna. Wir vermuten, daß die Deutschen dort ein großes Außenlager des Gefängnisses angelegt haben, denn von Ponar ist bis jetzt niemand zurückgekehrt.

Wir Frauen beschwören alle Männer, sich bloß zu verstecken und sich nicht mehr am Tage auf der Straße zu zeigen. Gemeinsam mit Chaja, der inzwischen zwölfjährigen Schwester von Hirsch, laufe ich den ganzen Tag durch die Stadt, um Essen zu den verschiedenen Verstecken der Männer zu bringen.

Es ist wieder Moshe, der als erster Neues weiß: «Die Deutschen rekrutieren ab morgen Arbeitskräfte – wer für sie arbeitet, erhält einen Arbeitsausweis. Wer so einen Arbeitsausweis hat, darf nicht verhaftet werden. Sagt das unseren Männern! Ich werde mich selbst morgen melden...»

Auch Hirsch und sein Vater beschließen, zur zentralen Sammelstelle zu gehen. Sie werden zur Arbeit in das Torflager Rescher eingeteilt. Rescher liegt etwa zehn Kilometer vor Wilna.[30] Das bedeutet, daß alle Männer dort unter Bewachung wohnen werden. Als uns dies klar wird, zögern Hirsch und ich noch, ob er wirklich dahin mitgehen soll. Aber dann rate auch ich ihm schweren Herzens zu, denn das Verstecken wird nicht mehr lange nützen. Die deutschen Soldaten haben bereits begonnen, jüdische Straßen systematisch zu durchsuchen. Ein kleiner Trost ist, daß auch Moshe und Abraham nach Rescher eingeteilt werden. Die vier Männer wollen unbedingt versuchen zusammenzubleiben.

Nur Vater weigert sich weiter. Seine Dickköpfigkeit hat jedoch auch etwas Rührendes, wenngleich sie Mutter fast zum Wahnsinn treibt.

«Dein Orchester ist aufgelöst – warum versuchst du nicht wie alle Männer dein Leben zu retten? Es ist nicht zum Aushalten mit dir...» Vater lächelt freundlich und putzt seine Trompete. Es scheint ihm Konzession genug, daß er wegen dieser barbarischen Besetzer auf das Musizieren verzichten muß. Zu weiteren Zugeständnissen ist er nicht bereit.

Es ist der nächste Tag, als ich von der Essensverteilung heimkomme und Mutter weinend am Wohnzimmertisch vorfinde. Von Vater keine Spur. Als sie mich sieht, stößt sie mit tränenerstickter Stimme hervor: «Dieser Phantast! Dieses Kind!» – «Was ist denn mit ihm, Mama?» – «Heute morgen, kaum warst du weg, kam eine Razzia», beginnt sie stockend. «Habe ich nicht gesagt, er soll sich wenigstens ein Versteck vorbereiten. Nein, nein, nein! Weißt du, was er zu den Soldaten gesagt hat, noch auf dem Hof, als sie ihn schon heruntergezerrt hatten? ‹Fassen Sie meine Trompete nicht an mit Ihren dreckigen Fingern!› Das hat er gesagt und sein Instrument nicht losgelassen. Dann haben sie ihn geschlagen. Alle Leute haben zugeschaut. Ach, Sonia, es war so schrecklich! Erst als er auf dem Boden lag und ein Soldat mit einem Stiefel auf seine Hand und die Trompete trampelte, da fiel sie zerbeult und scheppernd zu Boden...» Erneut wird sie von einem Weinkrampf geschüttelt. «Aber wo haben sie ihn hintransportiert?» Mutter versucht sich zusammenzureißen: «‹Der geht gleich ab nach Ponar!› hat mir ein Offizier gesagt, den ich anflehte mir zu sagen, wohin sie Vater bringen. Ponar – Kind, was machen sie da nur mit den Menschen?»

Während es streng verboten ist, sich Ponar auch nur zu nähern, dürfen wir Mädchen und Frauen unseren Brüdern und Männern nach Rescher wenigstens einmal in der Woche Nahrung und Kleidung bringen. Kaum kann ich es erwarten, Hirsch, aber auch seinen Vater, Abraham und Moshe wiederzusehen.

Noch vor Morgengrauen breche ich mit einem großen Korb auf. Am Stadtrand sind schon andere jüdische Frauen an einem Militärkontrollpunkt versammelt. Jede von uns erhält einen Passierschein. Bis 16 Uhr am Nachmittag müssen wir uns hier alle wieder melden. Wer nicht oder unpünktlich erscheint, wird keine Erlaubnis zum Verlassen der Stadt mehr erhalten und auf eine Fahndungsliste zum Verhaften gesetzt werden.

Nicht einmal zwei Stunden brauche ich für den Weg. Auch die anderen Frauen eilen, so schnell sie können, um die Männer möglichst lange zu sehen. Als wir am frühen Morgen in Rescher ankommen, erwartet uns eine herbe Enttäuschung: Alle Männer sind bereits im Torf zur Arbeit. Wir sollen unsere mitgebrachten Sachen abgeben und wieder verschwinden!

Ich weiß nicht, welcher Mut uns zweihundert Mädchen und Frauen ergriffen hat: Wir protestieren lautstark und weigern uns, auch nur ein Brot herauszurücken. Die Wachposten, drei junge Männer von höchstens zwanzig Jahren, sind sichtlich verunsichert. Einer entfernt sich, vermutlich um neue Anweisungen zu holen. Die anderen beiden entsichern ihre Gewehre und richten die Läufe auf uns...

Schließlich kommt der eine Junge zurück und erklärt uns in

gebrochenem Polnisch, daß um 12 Uhr für eine Viertelstunde Mittagspause sei. Dann würden die Männer in ein umzäuntes Areal geführt werden, wo wir auf der anderen Seite des Zaunes mit ihnen sprechen dürften. Allerdings nur, wenn wir vorher alle Sachen abliefern würden. Die könnten wir ohnehin nicht persönlich abgeben, weil sie alle vorher durchsucht werden müßten nach Waffen und anderer Schmuggelware. Wir stimmen zu und bringen Nahrung und Kleidungsstücke zu zwei großen Holztischen, die gleich am Eingang des Lagers aufgestellt worden sind.

Dann müssen wir warten. Es ist Mitte Juli und wieder ein heißer Sommertag. Es gibt kaum schattenspendende Bäume in der Nähe des Lagereingangs. Endlich, endlich erhalten wir Weisung, in geordneter Reihe zwei Soldaten zu folgen. Sie führen uns etwa fünfhundert Meter weit zu einem durch besonderen Stacheldraht abgetrennten Gebiet. Bereits von weitem erkennen wir auf der anderen Seite des Zaunes die Männer stumm und in einer langen Reihe stehen. Als eine von uns zu winken und zu rufen beginnt, wird sie sofort an den Haaren aus der Gruppe gezerrt und zurückgeschickt. Die Arme – gerade wollten auch wir anderen vor Wiedersehensfreude losrufen! Nun bleiben auch wir stumm, wagen kaum die Hände zu heben. Trotzdem starren wir wie gebannt auf die Reihe der Männer, die dort mit gestreiften Hosen und Jacken warten, um möglichst schnell den eigenen Mann, Bruder oder Freund zu erspähen.

Zuerst erkenne ich die lange, dünne Gestalt von Abraham. Da – welch Glück, neben ihm der kleinere, kräftige Hirsch. Obwohl sie sich nicht rühren, sehe ich an ihren Gesichtern, daß auch sie mich erkannt haben. Aber wo sind Moshe und der Vater von Hirsch?

Endlich stehe ich vor den beiden – durch Stacheldraht, der in drei großen Rollen übereinandergetürmt ist, sind wir etwa zwei Meter voneinander getrennt. Mein Gott, wie sehen die beiden nach nur einer Woche aus: Die Schädel sind kahlrasiert, beide haben blutige Hände. Während die dunkle Haut von Hirsch ihn vor einem Sonnenbrand schützte, ist Abrahams blasser Kopf von rosa Brandblasen verunstaltet. Wie muß das schmerzen!

Und doch versuchen beide tapfer zu lächeln, als wir uns gegenüberstehen. Hirsch spricht als erster von uns: «Sonia, wie schön, daß du gekommen bist!» – «Wie geht es deinem Vater?» frage ich leise zurück, während ich mit aufsteigenden Tränen kämpfe. Ich darf doch jetzt nicht in ihrer Gegenwart weinen und sie noch trauriger machen! «Vater ist schon nach zwei Tagen in ein Krankenlager gekommen. Wir machen uns große Sorgen um ihn, weil Kranke nicht lange hierbleiben. Aber Moshe paßt auf ihn auf, bis jetzt!» – «Und warum ist Moshe im Krankenlager?» Das erste Mal spricht Abraham: «Moshe ist ein Künstler. Er hat es geschafft, dort als Sanitäter zu arbeiten!» Wir müssen trotz all der Schrecken lächeln. Ist es vorstellbar, daß Moshe Alitzki sogar hier noch Menschen mit seinem Charme bezaubern kann? Schafft er es, selbst deutschen Soldaten den Kopf zu verdrehen? Wundern würde es uns nicht... Dann ist Abraham aber schnell wieder ernst: «Sag, Sonia – und unser Vater?» Soll ich ihm die Wahrheit sagen? Doch – wir waren nie unehrlich miteinander: «Vater ist letzte Woche abgeholt worden – nach Ponar!»

Kaum habe ich das letzte Wort ausgesprochen, als beide gleichzeitig zusammenzucken. Sie scheinen etwas zu wissen, was ich nicht weiß. «Was ist mit Ponar?» bohre ich. Sie bleiben stumm, schauen einander ratlos an. Schließlich senkt Hirsch seine Stimme so leise, daß ich ihn gerade noch hören kann: «Hier in Rescher ist ein Mann, der sagt, daß er von Ponar entkommen ist. Dort gibt es gar kein Gefängnislager, sagt er. Alle Menschen werden dort erschossen und in großen Gruben verscharrt. Er scheint kein Angeber zu sein – aber ob man so was glauben kann?» Ein Schaudern läuft mir trotz der Sommerwärme über den Rücken. Daß im Krieg Grausamkeiten passieren, weiß jeder. Aber ein solches Morden von unschuldigen Männern, Frauen und Kindern? Ich schüttele den Kopf: «Nein, ich glaube es nicht!»[31]

Bevor wir weitere Nachrichten und Vermutungen austauschen können, ertönt ein Pfiff aus einer Trillerpfeife, und der Befehl geht an die Männer, sofort vom Zaun zurückzutreten und in Kolonnen geordnet zum Torfstechen zurückzukehren. Hirsch und Abraham lächeln mir noch einmal tapfer zu, bevor sie kehrtmachen müssen. Verdammt, nun kann ich meine Tränen doch nicht zurückhalten... Hirsch ist jetzt neunzehn Jahre alt und Abraham immerhin schon einundzwanzig, und doch sehen sie wie zwei Schuljungen aus, wie sie dort in ihrer Reihe mühsam versuchen, Schritt zu halten mit dem vorgegebenen Tempo.

Auch die anderen Mädchen und Frauen sind ähnlich erschüttert wie ich. Auf dem Rückweg erzählen wir uns gegenseitig jede auch nur kleinste Einzelheit, die wir wahrgenommen haben, immer in der Hoffnung, vielleicht noch etwas mehr über den eigenen Mann oder Bruder zu erfahren. Es ist keine Frage für uns, daß wir in der kommenden Woche alle wieder nach Rescher gehen werden...

Doch als die sieben Tage endlich um sind, erfahren wir, daß es diese Woche keine Erlaubnis gibt. Gründe werden nicht genannt, wir werden immerhin auf nächste Woche vertröstet...

Kaum kann ich es abwarten, wieder an diesem elenden Zaun zu stehen. Es ist bereits Anfang August, als wir Frauen und Mädchen wieder in Rescher ankommen. Wie beim ersten Besuch erkenne ich zuerst meinen Bruder Abraham – doch wo ist Hirsch? Ganz sicher steht er weder links noch rechts von ihm. Endlich bin ich bei meinem Bruder am Zaun. Die Häftlinge tragen heute nur eine Hose. Erschrocken sehe ich, daß der ohnehin schlanke Abraham fast zum Skelett abgemagert ist. Jede Rippe steht einzeln hervor, die Schultern sind blutverkrustet, wahrscheinlich vom Schleppen irgendwelcher Torfballen...
«Wo ist Hirsch?» muß ich trotzdem als erstes fragen. «Bei Moshe», antwortet Abraham. Ist er etwa auch im Krankenlager? Mein Bruder nickt: «Weißt du, Sonia, hier ist vor ein paar Tagen Typhus ausgebrochen. Das ist eine elende Sache. Du hast hohes Fieber, Schüttelfrost und scheißt dich halbtot!» Ich

Der Weg nach Ponar – vom Wilnaer Zeitzeugen Feival Segal 1958 gezeichnet weiß, daß Typhus eine ansteckende Seuche ist. Mein Gott, wenn nun alle unsere Männer daran erkranken? «Und wie geht es dir?» frage ich ihn voller Sorge. Er versucht zu lächeln: «Du siehst ja, ich halte mich senkrecht. Wir Jungen haben es leichter. Von den Älteren sind schon ein paar an Typhus gestorben. Die haben keine Widerstandskräfte... Aber, Sonia, mache dir nicht zu große Sorgen: Moshe tut, was er kann für Hirsch und alle anderen...» – «Bitte, lieber Abraham, grüße Hirsch von mir und sag ihm, daß ich immer an ihn denke und für ihn bete!»

Wieder werden wir abrupt getrennt. Erschrocken merke ich, daß ich völlig vergessen habe, mich nach Hirschs Vater zu erkundigen. Wo Abraham doch die gefährdeten älteren Männer sogar erwähnt hat...

Zu allem Unglück werden in den beiden folgenden Wochen alle Besuche in Rescher untersagt. Erst Ende August 1941 habe ich wieder einen Passierschein, um nach Rescher zu kommen. Dieses Mal sind wir sogar zu dritt: Meine Mutter und Chaja, die Schwester von Hirsch, sind ebenfalls dabei. Es ist ein kühlerer Tag mit dunklen Wolken, als würde sich der Herbst schon ankündigen wollen. Zweimal überrascht uns ein kurzer Regenschauer auf dem Weg. Doch als wir endlich alle Prozeduren überstanden haben und uns dem Zaun nähern, ist uns, als würde die hellste Sonne strahlen: Nebeneinander stehen Abraham sowie Hirsch und sein Vater! Was hatten wir für Angst um sie!!

Daß die Angst mehr als berechtigt war, sehe ich, als ich Hirsch gegenüberstehe: Nichts ist mehr von seiner ehemals kräftigen Gestalt geblieben. Wie Abraham ist er zum Skelett abgemagert. Seine wunderschönen Augen liegen tief in den Höhlen, ein kurzer dunkler Stoppelbart läßt ihn um Jahre älter wirken. Trotzdem strahlen wir uns an: «Weißt du was, Sonia», beginnt er, «ich schreibe wieder Gedichte!» – «Hier?» frage ich erstaunt. Er nickt stolz. «Schau mal!» Aus seiner Hosentasche angelt er einen kleinen Bleistiftstummel. Worauf mag er nur schreiben? «Wie lange werdet ihr noch hier arbeiten müssen?» will meine Mutter plötzlich wissen. Die Männer zucken die Achseln. «Wenn Frost kommt, gibt es hier nichts mehr zu tun! Aber ich weiß nicht, ob die sich dann vielleicht schon was anderes ausgedacht haben für uns...», überlegt Abraham. Plötzlich ruft Hirsch uns leise zu: «Vielleicht ist dann aber der Krieg schon vorüber – was meint ihr?» Sosehr ich mich freue, daß er seinen Lebensmut wiedergefunden hat, um so schwerer fällt es mir, ihm darauf ehrlich zu antworten. Bis jetzt siegen die Deutschen an allen Fronten.

Und doch gehen wir drei – Mutter, Chaja und ich – sehr erleichtert den Weg von Rescher zurück nach Wilna. Wir werden nicht müde, uns zu bestätigen, daß unsere Männer doch so schlecht – gemessen an den Umständen – gar nicht ausgesehen haben. Und alle drei haben den elenden Typhus überstanden! Wir können zu diesem Zeitpunkt nicht wissen, daß dies der letzte Besuch im Torflager gewesen ist...

Vier Tage später soll es in Wilna zu einem Vorfall kommen, der unser Leben völlig ändern wird: Am Sonntag, dem 31. August 1941, wird auf einige deutsche Soldaten, die an der Ecke vom Kino in der Nähe der Wielka-Straße stehen, aus einem Haus geschossen. Es ist etwa gegen 14 Uhr am frühen Nachmittag. Kurz darauf kommen zwei Litauer aus diesem Haus gerannt und schreien laut: «Zwei Juden haben auf die Deutschen geschossen!»

Gemeinsam mit den Soldaten stürmen sie zurück ins Haus und brechen die Tür einer Wohnung auf, in der die beiden Attentäter sein sollen. Tatsächlich sind zwei jüdische Männer in der Wohnung. Waffen können jedoch nicht gefunden werden. Die beiden Juden werden zusammengeschlagen und aufgefordert, die Waffe herauszugeben. Beide bestreiten die Tat und behaupten, gar keine Pistole oder andere Schußwaffen zu besitzen. Die Litauer dagegen klagen sie des Attentats an und sagen, dies mit eigenen Augen gesehen zu haben. Als die Juden weiter die Tat bestreiten, ziehen die Litauer selbst eine Pistole und erschießen die beiden jüdischen Männer vor den Augen der deutschen Soldaten.

Wir sind sicher, daß diese Litauer die ganze Geschichte als Provokation gegen uns Juden aufgezogen haben und selbst auf die deutschen Soldaten gefeuert haben. Der deutsche Gebietskommissar für Wilna, Hans Hingst, sieht die Sache anders und meint, seine große Stunde sei gekommen: Noch am gleichen Tag wird ein Teil des jüdischen Viertels von Wilna von deutschen Soldaten umstellt, und 8000 jüdische Männer und Frauen, auch Jugendliche und Kinder, werden zuerst zum Lukiszki-Gefängnis und dann weiter nach Ponar getrieben. Keiner kehrt nach Wilna zurück...

Am folgenden Tag wird bereits eine neue «Bekanntmachung» an die Häuserwände geklebt, in der uns das Verlassen der Wohnung nur noch am Tage von 10 bis 15 Uhr erlaubt ist. Außerdem werden weitere «schärfste Gegenmaßnahmen» angedroht.

Diese «Gegenmaßnahmen» lassen nur wenige Tage auf sich warten. Am 6. September 1941 werden wir noch vor 5 Uhr morgens durch laute Befehle, die von der Straße durch die Fenster dringen, geweckt. Nach einem genauen Plan werden alle jüdischen Bewohner der Straße aufgefordert, innerhalb von einer halben Stunde mit Gepäck vor dem Haus zu erscheinen. Die Wohnungen müssen für immer verlassen werden. Neue

Wohnungen werden, falls vorhanden, ausschließlich in einem der beiden «jüdischen Wohnviertel» zur Verfügung stehen. Diese Sprache kenne ich aus Warschau: Wir werden also auch in Wilna in Gettos gesperrt werden!

In fiebriger Eile packe ich mit Mutter soviel zusammen, wie wir nur tragen können. Nur mit Mühe kann ich sie überreden, ein Fotoalbum dazulassen. Im Getto brauchen wir Nahrung und Kleidung.

Wir gehören zu den ersten, die an diesem Morgen in das südlichere Getto Nr. 1 verfrachtet werden. Das gesamte Getto hat nur ein einziges Tor in der Rudnicka-Straße. Nicht weit davon entfernt haben wir das Glück, im Hof der Spitalna-Straße 6 sogar ein winziges Zimmerchen für uns beide ergattern zu können... Wir ahnen nicht, wieviel schlimmer es vielen anderen ergeht.[32]

«Wacht ojf! Wehrt euch!»

Der Frost setzt früh ein dieses Jahr. Mitte Oktober 1941 sind morgens schon alle Dächer mit Rauhreif überzogen. Im November fällt der erste Schnee. Doch weder kommen unsere Männer aus Rescher zurück, noch dürfen wir dorthin zu Besuch. Über ihr Schicksal entstehen verschiedene Gerüchte: Sie seien in ein anderes Arbeitslager transportiert worden; es wäre erneut Typhus ausgebrochen – und schließlich taucht immer wieder das Schreckenswort «Ponar!» auf...

Im Getto selbst sieht man jetzt deutsche Soldaten eher selten. Sie bewachen von außen die um das Viertel gezogenen Zäune und Mauern und das einzige Tor in der Rudnicka-Straße.

Um Ordnung in ihrem Sinne im Getto aufrechtzuerhalten, haben sie einen teuflischen Plan realisiert: Aus unserer Mitte wurden Männer bestimmt, die einmal einen «Judenrat» bilden müssen für alle Verwaltungsaufgaben, wie Verteilung von Nahrungsmitteln oder Wohnraum, und zum zweiten eine «Gettopolizei», die unmittelbar den deutschen Offizieren außerhalb des Gettos untersteht. Zum Chef dieser Polizei wird ein jüdischer Mann namens Jacob Gens ernannt.

Ich hatte bisher weder von ihm gehört noch ihn je gesehen. Doch bald wird sein Name gleichermaßen verbunden mit Hoffnung und Schrecken. Wann immer Juden verhaftet werden sollen oder auch nur neue Arbeitskräfte benötigt werden, erhält Gens den Befehl, die entsprechende Gruppe «zusammenzustellen». Einmal vierhundert Männer zwischen sechzehn und dreißig Jahren; ein anderes Mal zweihundertfünfzig Frauen ab zwanzig Jahren; dann plötzlich achthundert alte und kranke Menschen. Was mit ihnen geschieht? Wir wissen es nicht, denn niemals kehrt jemand zurück...

Mutter will wissen, daß der Herr Gens, wie sie ihn nennt, ein ganz feiner Mann sein soll, der das alles nur unter Zwang tue und jedesmal unter Einsatz seines eigenes Lebens bemüht sei, sowenig Juden wie nur möglich auszuliefern. Eine Nachbarin in unserem Hof in der Spitalna-Straße meint dagegen, daß er ein Krimineller sei, der sich an den jüdischen Opfern bereichern würde und allein seinen Kopf und den seiner nichtjüdischen Frau retten wolle.

Anfang Dezember fällt drei Tage lang hintereinander dichter Schnee. Wie sollen Hirsch und die anderen jetzt noch am Leben sein? Selbst wenn sie nicht nach Ponar gekommen sind, fehlt ihnen doch jede Kleidung, um einer solchen Grabeskälte standzuhalten...

Eine maßlose Traurigkeit überfällt mich. Wie Tante Sara mag ich morgens nicht mehr aufstehen, nichts mehr essen, nichts mehr sehen und hören... Mutter zwingt mich, wenigstens einmal am Tage etwas gewärmte Brotsuppe zu löffeln. Sorgenvoll streicht sie mir über die Stirn: «Sonia, wie kannst du nur die Hoffnung aufgeben? Wir haben doch noch uns, und vielleicht kommt Hirsch, kommen Abraham und Vater doch wieder zurück!!» Nichts kann ich erwidern. Ich war anfangs sogar richtig stolz auf Mutter, wie sie es geschafft hat, sich auf den schwierigen Getto-Alltag einzustellen, wie sie sich, die doch ein ganz anderes Leben gewöhnt war, hier ohne Klagen bemüht, aus allem das Beste zu machen und noch für andere dazusein.

Doch sie erreicht mein schwermütiges Herz einfach nicht, kann es nicht erreichen, weil es sich vor Angst und Sorge um Hirsch verzehrt. In Warschau hat mich ein Gedanke immer wieder hoffnungsvoll gestimmt: Daß du lebst, daß es dir gutgeht, daß du auf mich wartest. Doch jetzt? So leer, so ausgebrannt fühle ich mich. So ähnlich muß es Tante Sara nach dem Tod der kleinen Hila gegangen sein...

Keine Erinnerung habe ich an Chanukka 1941, unser sonst so schönes jüdisches Lichterfest im Dezember. Seit Tagen liege ich, im Fieber dumpf vor mich hin dösend, nur ab und zu von Mutter unterbrochen, die mir irgend etwas einflößt oder meine feuchte Stirn trocknet.

Es muß bereits im neuen Jahr sein, Anfang Januar 1942, als aus weiter, weiter Ferne laute Stimmen und Geräusche an mein Ohr dringen. Unser kleines Zimmerchen vibriert unter den schweren Schritten großer Menschen. Plötzlich werde ich gerüttelt, gedrückt, geküßt. Es ist mir nicht möglich, zwischen Fiebertraum und Wirklichkeit zu unterscheiden: Gesichter tauchen vor mir auf, die zu Masken werden – das war eben Vater, eine riesige goldene Trompete umarmend; dahinten kommt Hirsch mit dem Fahrrad, braungebrannt, nur mit einer Badehose bekleidet, direkt auf mein Bett zu – er strahlt mich an, nickt mir zu, kommt ganz nah heran, und schon braust er weiter bis zum Horizont; zwischendurch immer wieder Mutter, sie singt und tanzt, aber nicht mit Vater, sondern mit Abraham, nein, nicht Abraham, es ist Moshe Alitzki, der Mutter im Arm hält und sie wild herumschleudert... alles dreht sich vor meinen Augen, bevor es für lange Zeit dunkel und still wird.

Als ich wieder zu mir komme, ist es tatsächlich still und dunkel. Aber ich träume nicht mehr. Neben mir schläft Mutter leise atmend. Vorsichtig berühre ich ihren Arm: «Mama?» Sie ist sofort wach, hat den gleichen leichten Schlaf wie früher: «Sonia, Liebes, geht es dir besser? Du hattest zwei Tage sehr hohes Fieber. Aber gestern scheint es sich beruhigt zu haben, und du hast seitdem richtig tief geschlafen.» Mutter befühlt meine Stirn. Erleichtert atmet sie auf: «Dir geht es besser, Sonia!» Auch ich fühle eine lange nicht mehr gespürte Klarheit im Kopf. «Ist etwas passiert inzwischen?» frage ich leise. Erst jetzt richtet sich Mutter im Bett auf: «Ob etwas passiert ist? Das kann man wohl sagen!» Mit diesen Worten bedeutet sie mir, nicht weiterzufragen, und versucht, ein offenkundig feuchtes Streichholz an einer Schachtel zu entzünden. Endlich springt die Flamme an und erhellt das kleine Zimmerchen für wenige Sekunden.

Das flackernde Licht fällt auf zwei männliche Gestalten, die eng umschlungen auf dem Fußboden neben unserem Bett auf einer dünnen Decke liegen. Es ist eiskalt im Zimmer, und die beiden haben nicht viel mehr als ein paar Lumpen um ihre mageren Körper gewunden. Die Gesichter sind der gegenüberliegenden Wand zugedreht. Ohne auf die Kälte zu achten, springe ich aus dem Bett und berühre einen der Männer an der Schulter.

Erschrocken zuckt er zusammen. Wie in einem Reflex ergreift er meinen Arm. Obwohl es stockdunkel ist im Zimmer, weiß ich sofort, wer meinen Arm gepackt hält...! Welch unglaubliche Freude! Was für ein Wunder! Du lebst, du bist da, du bist bei mir! Wir halten uns an den Händen, sind wie erstarrt vor Glück!

Schließlich gelingt es Mutter doch, einen Kerzenstummel zu entzünden. Jetzt erkenne ich auch den zweiten Mann im Zimmer: Moshe Alitzki! Moshe reibt sich die Augen angesichts der nächtlichen Störung. Dann lächelt er und meint erfreut: «Sieh mal an, kleine Sonia, endlich ausgeschlafen? Wir sind schon zwei Tage hier!»

Nicht schnell genug kann ich erfahren, wie es den beiden ergangen ist und wie sie es geschafft haben, hierherzukommen: Das Torflager Rescher war tatsächlich bereits im Oktober mit dem ersten Frost aufgelöst worden. Alle arbeitsfähigen Männer wurden in andere Lager gebracht, wo zumeist Holz zu schlagen war. Bei dieser Gelegenheit wurden Hirsch und Moshe leider von Abraham und Hirschs Vater getrennt, die, so wurde gesagt, für einen anderen Transport bestimmt waren. Wohin dieser gehen sollte, ließ sich nicht herausbekommen. Das Holzlager war wesentlich näher an Wilna dran als Rescher. Auch war die Bewachung längst nicht so perfekt organisiert. So hatte eine kleine Gruppe von fünf Männern bereits seit November einen Ausbruch geplant. Jedoch erst Anfang Januar ließ sich der Plan umsetzen. Die Flucht gelang: Zwei der Männer brachen zur sowjetischen Grenze auf; der dritte Mann sowie Hirsch und Moshe wollten zurück nach Wilna. Der dritte Mann – sie geben seinen Namen mit Abba an – wollte zurück nach Wilna, um hier im Getto zu helfen, einen Widerstand aufzubauen.

«Widerstand?» frage ich neugierig dazwischen. Sollte es endlich eine Möglichkeit geben, sich zu wehren gegen all die Schrecken? Moshe und Hirsch nicken gleichzeitig: «Wir sind schon dabei, Sonia! Beide haben wir Abba versprochen, daß er mit uns rechnen kann!» Mutter hockt sich besorgt zu uns und breitet eine Decke über meine Schultern. «Kinder, die Deutschen werden alles bitter rächen, was wir gegen sie unternehmen. Ich halte das für hellen Wahnsinn! Widerstand – womit denn?» – «Es sollen bereits Waffen im Getto sein», wendet Moshe ein, «und außerdem ist es wichtig, daß wir begreifen, daß wir uns auch wehren können!» Hirsch nickt ernst und entschlossen dazu. Aus seiner Hose holt er umständlich ein zerknittertes, mehrfach gefaltetes Blatt und reicht es mir herüber: «Da, lies mal, Sonia!» Mit klammen Fingern falte ich den Zettel auseinander. Oben steht das Datum: «1. Januar 1942, Wilna im Getto». Dann folgt in jiddischer Sprache ein vervielfältigter Text:

«LASST UNS NICHT WIE SCHAFE ZUR SCHLACHTBANK ABFÜHREN!

Jüdische Jugendliche, glaubt nicht denen, die Euch zu betrügen versuchen. Von ehemals über 80 000 Juden in Litauen leben nur noch 12 000. Vor Euren Augen werden Eure Eltern, Eure Brüder und Schwestern abgeholt. Wo sind sie – die Hunderte von Männern, die zur Zwangsarbeit nach Litauen gebracht wurden? Wo sind die nackten Frauen und Kinder, die in jener Schreckensnacht (am 31. 8. 1941 – Anm. d. V.) entführt worden sind? . . . Wo sind unsere Brüder von den anderen Gettos?

Jene, die einmal durch das Gettotor abgeführt worden sind, kommen nie wieder. Alle Straßen der Gestapo (Geheimen

Staatspolizei – Anm. d .V) führen nach Ponar – und Ponar bedeutet Tod.

Ihr, das Volk, das Ihr verzweifelt, laßt Euch nicht länger täuschen. Eure Kinder, Eure Ehemänner und -frauen gibt es nicht mehr. Ponar ist kein Arbeitslager. Dort wird jeder erschossen.

Hitler hat vor, alle Juden in Europa umzubringen. Es war das Schicksal der Litauer Juden, zu den ersten zu gehören. Laßt nicht zu, daß wir wie Schafe zur Schlachtbank geführt werden!

Es stimmt, wir sind schwach und hilflos, aber die einzige Antwort gegenüber Mördern ist Selbstverteidigung. Brüder – es ist besser, als freie Kämpfer zu sterben, als auf die Gnade von Mördern zu hoffen... Seid beschützt!»[33]

Der Text trägt keine Unterschrift. Meine Hände zittern vor Erregung, als ich Hirsch den Zettel zurückreiche. «Ich bin dabei!» sage ich, ohne zu zögern. «Vielleicht haben wir ja doch noch eine Chance!» Moshe nickt: «Die Deutschen sollen zum ersten Mal echte Verluste erlitten haben. Ihr Vormarsch in Rußland ist gestoppt! Wartet mal ab, jetzt wird sich das Blatt wenden!»

In Mutters Augen sehe ich genau, was sie denkt, als sie uns drei Gestalten – zwei halbverhungerte und -erfrorene junge Männer und ein krankes Mädchen – betrachtet. Sie hält es für Phantastereien von verzweifelten Jugendlichen. «Ich werde euch sagen, was ihr machen müßt, wenn ihr wieder etwas bei Kräften seid: Flieht vor den Deutschen! Flieht nach Osten, wie es die beiden anderen aus dem Arbeitslager getan haben. Hier sind wir in ihrer Hand – jede Provokation von uns wird das Unheil nur vorantreiben!!» Doch wir drei sind uns einig – sobald wir von jenem Abba eine Nachricht erhalten, werden wir zur Stelle sein.

Nur wenige Tage später kommt Moshe mit einer guten Meldung zu uns: «Hier – schaut mal!» Er wirft zwei kleine gelbe Zettel, die wie Ausweise aussehen, zu uns aufs Bett. Mutter, Hirsch und ich machen große Augen: «Und?» Einen der Zettel drückt er Hirsch in die Hand: «Der ist für dich, der andere für mich. Sind Arbeitsausweise, damit brauchen wir keine Angst mehr bei Kontrollen der Gettopolizei zu haben. Der Gens darf niemanden einsammeln, der so ein Papier hat.» Mutter bleibt skeptisch: «Und woher hast du die?» – «Von Abba», antwortet dieser stolz. «Morgen sollen wir drei zu ihm kommen. Dann wird er uns als neue Mitglieder für die F.P.O. einführen!» Moshe ist als ehemaliger Lehrer und Jugendleiter in seinem Element. Doch jetzt geht es selbst mir zu schnell: «Was ist denn F.P.O.?» will ich wissen. «So lautet die Abkürzung für ‹Vereinigte Partisanen-Organisation›[34] vom Getto Wilna. Ihr kommt doch mit – oder?» Mit klopfendem Herzen machen wir drei uns trotz Mutters Bitten, den «Unsinn» doch bloß zu lassen, zum Oschmania-Weg Nr. 8 auf, wo wir im Hof in einem Hinterzimmer jenen Abba treffen sollen. Die Straßen sind wegen der Ausgangssperre menschenleer. Da es nicht weit ist und sich nirgends Gettopolizei blicken läßt, erreichen wir schon nach wenigen Minuten unbehelligt unser Ziel.

In dem Raum, dessen Tür durch einen schweren Wandbehang getarnt ist, sitzen zwei Männer und warten auf uns. Der eine ist nicht viel älter als Hirsch, hat ebenfalls braune lockige Haare und schielt ein klein wenig: «Das ist Abba», raunt mir Moshe leise zu.[35]

Der zweite Mann ist etwa Anfang Dreißig, hat glatte, nach hinten gekämmte Haare und so feine Gesichtszüge, daß ich ihn eher für einen jungen Wissenschaftler als für einen Partisanenführer gehalten hätte. «Ich heiße Yizhak», beginnt er. «Abba kennt ihr ja schon. Wir wollen gemeinsam mit anderen Gruppen und Organisationen im Getto eine Partisanenbewegung aufbauen. Ihr kennt das Flugblatt, das Abba geschrieben hat?» Das Flugblatt kennen wir. Daß es der junge Mann neben ihm geschrieben hat, erfahren wir erst jetzt. «Eines will ich euch sehr klar am Anfang sagen: Wir wollen einen Widerstand im Getto organisieren, aber schützen können wir niemanden. Jeder muß ganz allein die Verantwortung für sich und sein Leben tragen...» Seine ehrlichen Worte, mit sanfter Stimme vorgetragen, schaffen eher Vertrauen bei mir als Angst.

«Widerstand bedeutet für uns nicht nur Kampf gegen Unterdrückung, gegen das menschenverachtende, rassistische Nazitum», ergänzt Abba. «Es bedeutet auch Stärkung der Hoffnung auf eine menschliche Welt bei allem, was wir tun.» Er schaut Hirsch an: «Du bist ein Dichter, nicht? Freund, du mußt unbedingt wieder anfangen zu schreiben! Unser Kampf braucht Farben, Töne und Worte. Gib sie uns und stärke uns!» Die Stimme von Hirsch bebt ein wenig, als er antwortet: «Ich fürchte, ich bin kein großer Kämpfer. Ich habe soviel Wut und Schmerz in mir und doch große Angst und Abwehr, einen Menschen zu töten, selbst wenn er mein Feind ist. Doch ich will mitkämpfen für die Befreiung mit allem, was ich kann!» Die beiden Anführer sehen sich einen Moment an. Dann spricht Abba: «Wir wollen euch noch etwas anderes erzählen, damit ihr unseren Kampf besser versteht. Was glaubt ihr, woher ich die gefälschten Ausweise für Hirsch und Moshe habe?» Keine Ahnung. Sie sehen verdammt echt aus. «Von einem deutschen Feldwebel namens Schmidt, Anton Schmidt!» Er betont die deutsche Aussprache des Namens. «Ich will, daß ihr das nicht vergeßt. Nicht alle Deutschen sind unsere Feinde, sondern nur die, die vom Geist der Nazis vergiftet sind!» Das sind aber leider schrecklich viele, denke ich bei mir. Und doch berührt mich diese Geschichte tief, zumal ich kurz darauf erfahre, daß der Mann, der Hirsch und Moshe geholfen hat, bereits einige Tage später auffliegt und von der deutschen Militärpolizei verhaftet wird.[36]

Bald nach diesem ersten Treffen erhalten wir Anweisungen, was wir genau machen sollen. Mir werden vor allem Botengänge aufgetragen. Ich lerne, wo welche Verstecke im Getto sind, zu welchen Zeiten die Gettopolizei ihre regulären Kontrollen durchführt und welche Codewörter jeweils zu benutzen sind, um bei der Übergabe von Botschaften nicht einem Falschen die wertvollen Informationen auszuliefern.

Moshe und Hirsch helfen meist beim Transport von Lebensmitteln, Kleidung – aber auch Waffen und Sprengstoff von draußen ins Getto hinein. Ab Frühjahr 1942 bestehen feste Kontakte zu Partisanengruppen, die vereinzelt in den Wäldern um Wilna operieren. Das Leben als Partisan ist keineswegs einfacher als vorher, aber es gibt uns doch wieder Sinn – und die Möglichkeit, etwas für unsere Hoffnung zu tun.

Ab Sommer 1942 ist Hirsch manchmal bei Aktionen dabei, die gegen Munitionszüge der deutschen Wehrmacht außerhalb Wilnas durchgeführt werden. Zwar habe ich auch jetzt jedesmal schreckliche Angst, wenn er weg ist, aber es ist nicht zu vergleichen mit der hilflosen Angst, die ich hatte, als er im Torflager Rescher war.

Nur einmal, im Oktober 1942, begleite ich ihn zu einem Anschlag, weil eine andere Kampfgefährtin in der Nacht zuvor verhaftet wurde und unbedingt eine dritte Person nötig ist.

Es weht schon ein kalter Wind, als wir durch einen geheimen Kellergang an der Nordseite des Gettos ins Freie gelangen. Ich ziehe meine Baskenmütze tief über beide Ohren. Zum ersten Mal trage ich auch eine kleine Pistole bei mir. Ich muß damit einen Warnschuß abgeben, wenn der Munitionskonvoi eine bestimmte Stelle erreicht hat, damit die Männer wissen, wann genau sie den Sprengstoff hochjagen müssen.

Ich bin schrecklich aufgeregt und denke öfter an Lea, die doch auch vorher eher ängstlich war, aber mir als Partisanin so stark erschien. Ich behalte leider meine Angst die ganze Nacht über und habe Gewissensbisse wegen der Lastwagenfahrer, die unweigerlich mit draufgegangen sind. Auch Hirsch bleibt eher ernst und bedächtig, während unser dritter Kamerad vor Begeisterung über unsere Treffer den ganzen Rückweg kaum still sein kann...

Außerhalb der geheimen Partisanentätigkeit ist Hirsch ganz offiziell Mitglied im jiddischen Schriftstellerverband von Wilna geworden. Er bekommt sogar Aufträge, um für das jiddische Theater zu schreiben, das inzwischen im Getto gegründet worden ist.[37] An dem Sonntagabend nach unserem Anschlag begleite ich ihn zu einer Lesung, wo er vor einem kleinen Kreis von Dichterkollegen einige neue Werke vorträgt. Anfangs bin ich nicht ganz aufmerksam, aber plötzlich spitze ich bei einer Zeile die Ohren:

> «Ein Mädchen. Ein Pelz. Eine Baskenmütze.
> Hält fest in der Hand die Waffe.
> Ein Mädchen mit einem samtenen Gesicht
> Beobachtet des Feindes Zug...»

Das bin ich – damit meint Hirsch mich!
Die letzten Zeilen des Gedichts lauten:

> «Vom kleinen Sieg ermutigt
> Für unsere neue, freie Generation!»[38]

Schtil, di Nacht is ojssgeschternt

Schtil di Nacht is ojss-ge-schte-rnt, un der Frosst hot schtark ge-brent. Zi ge-denkss-tu wi ich hob dich ge-le-rnt, Hal-tn a Schpa-jer in di Hent?

Still, die Nacht ist voller Sterne

Schtil, di Nacht is ojssgeschternt,
un der Frosst hot schtark gebrent.
Zi gedenksstu wi ich hob dich gelernt
Haltn a Schpajer in di Hent?

A Mojd, a Pelzl un a Beret,
Un halt in Hand fest a Nagan.
A Mojd mit a sametenem Ponim,
Hit op dem ssojne'ss Karawan.

Gezilt, geschossn un getrofn!
Hot ir klejninker Pistojl.
An Oto, a fulinkn mit Wofn
Farhaltn hot si mit ejn Kojl!

Fartog, fun Wald arojssgekrochn,
Mit Schnejgirlandn ojf di Hor.
Gemutikt fun klejninkn Nizochn
Far unser najem, frajen Dor!

Still, die Nacht ist voller Sterne,
Und der Frost hat stark gebrannt.
Ob du an den Tag denkst, da ich dich sah,
Wie du ein Maschinengewehr in der Hand hieltest?

Ein Mädchen. Ein Pelz. Eine Baskenmütze.
Hält fest in der Hand die Waffe.
Ein Mädchen mit einem samtenen Gesicht
Beobachtet des Feindes Zug.

Gezielt, geschossen und getroffen!
Hat ihre kleine Pistole.
Ein Auto, voll mit Waffen,
Hat sie mit einer Kugel aufgehalten!

Am Vortage aus dem Wald herausgekrochen,
Schneegirlanden im Haar.
Vom kleinen Sieg ermutigt
Für unsere neue, freie Generation!

Das Ende vom Getto Wilna

Anfang 1943 gibt es endlich wirklichen Anlaß zur Hoffnung: Große Verbände der deutschen Wehrmacht sind von der sowjetischen Roten Armee vor Stalingrad eingeschlossen. Was noch vor Monaten keiner für möglich gehalten hätte: Am 2. Februar 1943 kommt es zur endgültigen Kapitulation der Deutschen an der Front im Osten! Von diesem Tag an müssen die übrigen Teile der Wehrmacht den Rückzug antreten – wie lange wird es dauern, bis die Rote Armee Wilna erreicht?

Moshe ist am zuversichtlichsten: «Letztes Jahr im Oktober sind die USA in den Krieg gegen Deutschland und Italien eingetreten. Die haben also auch im Westen nichts mehr zu lachen. Jetzt heißt es für uns nur noch: Durchhalten – im Herbst, spätestens im Winter feiern wir die Befreiung in Wilna!»

Wie viele von uns werden das erleben? Von Vater und Abraham haben wir all die Monate kein Lebenszeichen erhalten, auch nicht von Hirschs Vater. Zum Jahreswechsel sind seine jüngere Schwester Chaja und seine Mutter von der Gettopolizei «eingesammelt» worden. Allerdings hat uns wenigstens zwei Wochen später eine kleine Nachricht erreicht, daß sie zusammenbleiben konnten – und nicht nach Ponar gekommen sind.

Hirsch und Moshe wohnen seit ihrer Rückkehr aus Rescher in dem kleinen Zimmer von Mutter und mir in der Spitalna-Straße 6. Mutter ist nach wie vor nicht einverstanden mit unseren «Operationen», aber wir versuchen, in ihrer Gegenwart sowenig wie möglich darüber zu sprechen, um sie nicht unnötig zu ängstigen und zu gefährden. Es sind bereits einige unserer F.P.O.-Mitglieder oder deren Verwandte verhaftet und schrecklich gefoltert worden. Je weniger jemand weiß, um so besser für ihn und alle Beteiligten...

Die schrecklichen «Sammelaktionen» der jüdischen Gettopolizei im Auftrag der Deutschen gehen unvermindert weiter: Fünfhundert Frauen zwischen fünfzehn und fünfundvierzig Jahren; siebenhundert Männer von vierzehn bis vierzig Jahren – wohin? Wofür? Angeblich sollen alle auf Arbeitseinsätze gehen. Wir wissen aber genau, daß die Massenerschießungen in Ponar längst nicht aufgehört haben.

Der Druck, der auf den verängstigten Gettobewohnern lastet, wird von Tag zu Tag unerträglicher. Jeder, der noch nicht erfaßt wurde, fragt sich: Wann bin ich dran? Manche versuchen sich dauerhafte Verstecke im Getto einzurichten – aber woher den Nachschub an Nahrung bekommen? Wenn ein paar Tage nur Männer abgeholt worden sind, versuchen sich Männer als Frauen zu verkleiden. Die nächste Woche ist es genau umgekehrt. Immer wieder kommt es vor, daß einzelne, aber auch ganze Familien sich vor Angst töten. Oder in waghalsigen Versuchen an unsichersten Stellen über die Gettomauer klettern und von deutschen Soldaten auf der anderen Seite wie Hasen erschossen werden. Was für ein Leben. Was für ein Sterben …

Im Frühjahr nimmt die F.P.O.-Leitung mehrfach Kontakt zu Jacob Gens auf, um ihn zu zwingen, sich seiner Aufgabe zu verweigern. Aber würde es dann nicht einfach ein anderer machen? Im Mai oder Juni 1943 werden Hirsch und ich Zeugen einer bewegenden Begegnung mit diesem Mann. Es ist das einzige Mal, daß ich ihn überhaupt sehe. Gens hat sich bereit erklärt, an einem Diskussionsabend des jiddischen Schriftstellerverbandes teilzunehmen. Nur weil Hirsch dort Mitglied ist, werde auch ich hineingelassen.

Was gegenüber den Deutschen als eine literarische Bildungsveranstaltung angemeldet wurde, entpuppt sich bald als leidenschaftliche Auseinandersetzung von Menschen, die alle-samt mit dem Rücken zur Wand stehen. Ich schätze Jacob Gens auf Mitte, höchstens Ende Vierzig. Er ist in Zivil und ohne seine Wachleute erschienen. Überhaupt hat er ein eher weiches Gesicht mit vollen Lippen und klaren Augen. Ich hatte ihn mir brutaler, zumindest härter vorgestellt. Doch die Sympathien der Versammlung sind nicht auf seiner Seite. «Wissen Sie, was Sie meiner Familie angetan haben, Gens? Meine Frau und ich haben in dieser Stadt neun Kinder geboren – neun Kinder! Die Jüngste ist zwölf, der Älteste bereits selbst Vater von zwei Klei-nen. Wissen Sie, wer mir nach Ihren elenden Sammelaktionen geblieben ist? Meine zwölfjährige Tochter – meine Lena, mein kleiner Engel! Was haben Sie mit allen anderen gemacht – was, Gens?» Bevor der Angesprochene reden kann, erhebt sich ein anderer: «In meinen Augen sind Sie ein mieser Betrüger an uns allen, ein Betrüger an der Menschlichkeit! Wie kann man in diesen Zeiten mit den deutschen Mördern zusammenarbei-ten?»

«Und nicht nur das», fällt ihm ein anderer ins Wort: «Der Herr Polizeichef Gens verkehrt auch privat mit den Nazis und ihren Damen! Stimmt das, Gens, oder nicht?»

So geht es noch eine ganze Weile im Raum herum. Einer der Schriftsteller steht vor der Tür, um aufzupassen, daß kein Spit-zel oder sonstwie ungebetener Gast zuhört oder gar herein-platzt. Hirsch und ich schreiben im Auftrag von Yizhak mit. Es ist bestimmt bereits eine Dreiviertelstunde so gegangen, als sich Gens stumm erhebt und alle Versammelten starr an-schaut. Man spürt, daß er trotz aller oberflächlichen Selbstbe-herrschung innerlich bebt. Endlich wird es ruhig.

Jacob Gens tritt einen weiteren Schritt nach vorne und stützt sich auf einen Stuhl, bevor er mit gepreßter Stimme anhebt:

«Viele von euch betrachten mich als Betrüger... Ich, Gens, führe euch in den Tod; und ich, Gens, möchte Juden vor dem Tod bewahren. Ich, Gens, ordne an, daß Verstecke in die Luft gejagt werden; und ich, Gens, versuche euch durch Papiere, Arbeit und anderes zu retten. Ja, ich schlage Kapital aus jüdischem Blut und nicht aus jüdischer Ehre! Wenn 1000 Juden von mir gefordert werden – ich liefere sie. Wenn wir Juden nicht folgen, kommen die Deutschen und werden das gesamte Getto in ein Chaos verwandeln. Mit 100 schütze ich 1000 andere. Mit 1000, die ich abliefere, schütze ich 10000!

Ihr, die Leute des Geistes und der Schrift – ihr berührt nicht den Schmutz des Gettos. Ihr werdet das Getto sauber verlassen. Und wenn ihr das Getto überleben solltet, werdet ihr sagen können: Wir haben es verlassen mit einem guten Gewissen!

Aber wenn ich, Jacob Gens, überleben sollte, werde ich schmutzig herauskommen und mit blutigen Händen. Und dann werde ich mich einem ordentlichen Gericht stellen. Einem freien jüdischen Gericht! Ich werde sagen: Ich tat alles, um möglichst viele Juden aus dem Getto zu retten und ihnen zur Freiheit zu verhelfen. Damit überhaupt noch ein Rest von Juden am Leben bleiben würde, war ich gezwungen, andere in den Tod zu führen. Und um andere Juden mit einem guten Gewissen zu lassen, war ich gezwungen, im Schmutz steckenzubleiben und gewissenlos zu handeln...»[39]

In dem vorher noch turbulenten Raum herrscht jetzt Grabesstille. Die Knöchel der Hand, mit der Jacob Gens seinen Stuhl umklammert, sind weiß hervorgetreten.

Als niemand etwas auf seine lange Rede erwidert, wischt er sich kurz über die Augen, murmelt ein kaum verständliches «Das wär's dann wohl...» und geht mit erhobenem Kopf aus dem Versammlungszimmer. Niemand hält ihn auf. Der Posten an der Tür springt ängstlich zur Seite, als der Polizeichef auf ihn zukommt...

Als wir später am Abend Yizhak von dem Auftritt Gens' berichten, wiegt er lange seinen Kopf. «Ehrlich gesagt, ich weiß nicht, was ich von dem Mann halten soll. Jedenfalls würde es uns nichts nutzen, ihn abzusägen – die Deutschen werden einen anderen, vielleicht einen schlechteren finden, der seine Arbeit macht!»

Auf dem Heimweg muß ich plötzlich ohne Grund anfangen zu weinen. Hirsch scheint mein unerklärliches Gefühl zu verstehen und umarmt mich nur liebevoll, ohne etwas zu fragen. Vielleicht halte ich es einfach nicht aus, daß so viele von uns zu Taten gezwungen werden, die sie nie, nie in ihrem Leben haben begehen wollen... Als wir einen Moment später vor einer Polizeistreife gerade noch im letzten Moment in einen dunklen Eingang springen können, verdränge ich diesen Gedanken wieder. Vielleicht sind es ja nur noch ein paar Wochen...

Am Abend des 14. Juli 1943 sitzen wir wieder einmal zusammen mit Yizhak, um neue Pläne zu besprechen. Inzwischen wissen wir, daß unser Anführer zum Kommandeur aller Partisanengruppen des Gettos bestimmt worden ist. Er gehört seit Jahren der Kommunistischen Partei an und hat verschiedene Decknamen, wie zum Beispiel Leon oder Itzig, aber sein richtiger Name ist Yizhak Wittenberg. Wir sind stolz, daß wir mit ihm vertraut sind seit der ersten Stunde des Widerstands.

Wir sitzen höchstens eine halbe Stunde zusammen, als Abba Kovner ohne unser verabredetes Klopfzeichen hereinplatzt: «Ich muß euch leider stören, Leute! Yizhak – wir sollen sofort zu Gens kommen. Der Bote sagt, daß Gens etwas Wichtiges über bevorstehende Sammelaktionen erfahren hat, was er aber nur dir persönlich erklären möchte. Sollen wir hingehen?»

Auch Yizhak zögert einen Moment, aber nur einen Moment. «Komm!» meint er dann kurz entschlossen und bricht mit Abba zusammen auf. Zwar ist es ungewöhnlich, daß Yizhak und Gens miteinander sprechen, aber auch Hirsch und ich schöpfen keinen Verdacht und gehen von dort direkt zu unserem Zimmerchen.

Es muß bereits nach Mitternacht sein, als Abba leise an die Wohnungstür klopft. Zum Glück wacht Hirsch auf, bevor einer der anderen Mieter etwas mitbekommt. Atemlos steht Abba im Flur: «Los, Leute, dringende Versammlung im Quartier! Bis gleich!» Und damit stürzt er auch schon wieder die Treppe hinunter. Höchstens eine Viertelstunde später haben sich mindestens zwanzig Partisanen im Quartier versammelt. In einer Ecke sitzt Yizhak, den Kopf auf eine Hand gestützt, eine blutende Wunde am Hals mit einem Tuch abdeckend. Was ist geschehen? Bevor Abba berichtet, werden Wachposten im Flur, im Hof und an beiden Straßenecken postiert. Dann spricht er mit aufgeregter Stimme: «Chawerim – Kameraden –, es scheint die Stunde der Entscheidung gekommen! Gens hat uns den Krieg erklärt! Er ist doch ein Betrüger!!»

Abba muß erst Luft holen, bevor er weitersprechen kann: «Wir trafen gegen 22 Uhr wie verabredet im Büro von Gens ein – Yizhak, ich und noch zwei Leute von uns. Ein paar mit Waffen hatten wir zur Sicherheit im Hof ganz in der Nähe postiert. Gens redete erst eine Weile dumm rum, bis es uns zu blöd wurde, und ich sagte: ‹Entweder du rückst jetzt raus mit deinen Sachen, oder wir gehen wieder!› In diesem Moment ging eine

Nebentür auf, und SS-Leute mit Maschinengewehren im Anschlag standen im Zimmer. Ein deutscher Offizier wandte sich an Gens: ‹Wer von den Halunken ist Wittenberg?› Und Gens, dieser Verräter, zeigt auf Yizhak! Wir waren wie betäubt. Ich versuchte, Gens zu packen, aber er konnte hinter die SS-Leute ausweichen. Gens machte wieder seine bekannten Sprüche: ‹Einer eurer Leute ist außerhalb des Gettos gefangen worden und hat den Namen des Kommandeurs verraten. Wenn ich Wittenberg nicht geliefert hätte, wären einige andere dran gewesen... › An uns anderen dreien hatten die Nazis erstaunlicherweise kein Interesse. Sie zogen mit Yizhak in der Mitte ab in Richtung Gettotor. Das sind von dort höchstens hundert Meter. Als die SS-Leute mit Yizhak in der Mitte an dem Hof mit unseren Leuten vorbeikamen, haben diese sofort begriffen, was vorging, und das Feuer auf die völlig überraschten SS-Leute eröffnet. Wir konnten Yizhak befreien und die paar Nazis verjagen...»

Jeder im Raum begriff, daß damit noch nichts gelöst war. «Und Gens?» – «Er hat geflucht wie verrückt. Nur Minuten später klingelte sein Telefon, und ein deutscher Offizier teilte ihm mit, daß, wenn Yizhak nicht bis Morgen um 6 Uhr ausgeliefert würde am Gettotor, die Deutschen mit Panzern kommen und das Getto ausradieren würden. Wir haben uns dann erst einmal aus dem Staub gemacht...» Ein anderer von den Partisanenanführern weiß inzwischen schon mehr: «Seitdem hat Gens das gesamte Getto auf die Beine gebracht. Er spricht mit allen möglichen Leuten und beschwört sie, uns zu zwingen, Yizhak auszuliefern, weil sonst das ganze Getto leiden würde. Und wißt ihr, wie die Leute reagieren?»

Ich denke an meine Mutter und kann es mir gut vorstellen. Wo doch alle hoffen, daß es nur noch Wochen dauern kann mit diesen elenden Nazis, zählt jeder Tag, und jeder denkt zuerst an sich.

Abba macht einen Vorschlag: «Zuerst einmal muß Yizhak sich verstecken. Er will es nicht, aber wir sollten ihm alle zureden. Dann müssen wir schnell ein Flugblatt drucken, um die Leute aufzuklären, daß das Getto sowieso über kurz oder lang liquidiert wird – deshalb sollten wir jetzt aufstehen und kämpfen!»

Die meisten stimmen zu. Einige bleiben stumm. Aber alle bestärken Yizhak, sich unbedingt zu verstecken, bis die Lage geklärt ist. Endlich willigt er ein. Vor dem Hof haben sich bereits alle möglichen Wilnaer Bürger versammelt und fordern lautstark, daß wir Yizhak Wittenberg sofort ausliefern sollen. «Diese Feiglinge!», knurrt Abba verächtlich, als er sich davonmacht, das Flugblatt zu tippen.

Eine Partisanin versorgt Yizhak mit Frauenkleidern und führt ihn aus einem Hinterausgang hinaus. Währenddessen wird draußen der Krawall immer lauter. Plötzlich klirrt eine obere Fensterscheibe, und ein faustgroßer Stein poltert ins Zimmer.

Der Wachposten vor der Tür unseres Quartiers gibt einen Warnschuß in die Luft ab. Es ist das erste Mal, daß Hirsch etwas auf einer Versammlung sagt: «Hört auf damit – wir können doch nicht auf unsere eigenen Leute schießen!!»

Abba hält inne mit dem Tippen. Bitter sagt er: «Wenn die Deutschen sehen würden, wie Juden sich gegenseitig bedrohen, sie hätten ihre helle Freude!»

Ein eher schüchterner Junge meldet sich zu Wort: «Ich bin bereit, mich für Yizhak den Deutschen auszuliefern!» Alle Augen richten sich auf ihn. Auch ich schaue ihn bewundernd, aber auch erschrocken an. Bevor jemand etwas sagen kann, erklärt der Junge: «Ich werde es Yizhak vorschlagen – er soll entscheiden!» Damit läuft er ebenfalls zur Hintertür hinaus. Fast gleichzeitig fliegt die andere Tür auf. Der Wachposten steht mit rotem Kopf in der Tür, hinter ihm drängen Menschen aus dem Getto nach: «Ich kann sie nicht mehr aufhalten!» schreit er in den Raum.

Abba springt von seiner Schreibmaschine auf. Wir versammeln uns alle um ihn in der einen Ecke des Raumes, mehrere Gewehre im Anschlag. Auf der Türseite sind etwa fünfundzwanzig Leute mit Äxten und Stöcken eingedrungen und stehen uns gegenüber. Hinter ihnen drängen noch Dutzende nach.

Abba spricht als erster: «Wollt ihr wirklich einen der mutigsten und aufrechtesten Männer von uns allen den Deutschen ausliefern? Für nichts und wieder nichts? Wer garantiert euch, daß die Deutschen nicht trotzdem morgen das Getto plattmachen?»

Es ist ein älterer Mann mit einem weißen Bart, der für die aufgebrachte Menge antwortet: «So mußt du sprechen, Bruder! Wir achten durchaus euren Kampf. Aber niemand hat euch gezwungen. Ihr habt es selbst bestimmt, daß ihr im Widerstand kämpfen wollt. Deshalb müßt ihr auch das Risiko tragen – und nicht wir! Das ist alles!» Mehrere brummen zornige Zustimmung.

Nachdem es eine Weile hin und her gegangen ist, ergreift wieder Abba das Wort: «Gebt uns Bedenkzeit. Wir werden mit unserem Kommandeur darüber beraten!»

«Eine Stunde!» stimmt der alte Mann zu. «Keine Minute länger!» Erst als alle wieder abgezogen sind, läßt Abba nach Yizhak schicken. Es dauert fast eine halbe Stunde, bis unser Kommandeur wieder bei uns ist. Er hat inzwischen erneut die Kleidung gewechselt und einen Verband um den Hals.

Abba schildert ihm kurz die Situation. Yizhak hört konzentriert zu, schweigt lange. Dann wendet er sich an uns alle: «Was wünscht ihr, das ich tun soll?» Keiner antwortet. Schließlich meldet sich noch mal der Junge von vorhin: «Ich will für dich gehen, Yizhak!» Ein Lächeln huscht über Yizhaks Gesicht. «Das kommt nicht in Frage, Amos! Im übrigen sei froh – dich wollen sie noch nicht!»

Wieder schaut er uns an – einen nach dem anderen. Keine Antwort.

Endlich bricht Abba das Schweigen: «Yizhak, lieber Freund – wir alle wissen, wie die Situation ist. Wir haben dich nicht ohne Grund zu unserem Kommandeur gewählt. Ich glaube, daß ich für alle spreche, wenn ich sage: Wir sind bereit zu kämpfen – wenn du den Befehl gibst! Bist du bereit?» Yizhak und Abba sehen sich einige Sekunden stumm in die Augen. Was mögen die beiden Freunde, die sich schon oft gegenseitig das Leben gerettet haben, jetzt fühlen?

Endlich erhebt sich Yizhak schwer von seinem Stuhl. Er öffnet seine Lederjacke und zieht seinen Revolver aus dem Gürtel. Stumm legt er die Waffe dem Freund in die Hand. Zu uns gewandt sagt er: «Abba ist ab jetzt euer Kommandeur! Ihr werdet es schaffen!»

Yizhak Wittenberg geht aufrecht und ohne ein weiteres Zögern aus dem Zimmer und die Treppe in den Hof hinunter. Wir starren ihm hinterher, wie er durch die Menschen, die noch immer dort mit Äxten und Stöcken stehen, in Richtung Gettotor schreitet. Niemand wagt es, ihn anzurühren. Niemand spricht ihn an. Es ist das einzige Mal, daß ich Abba, unseren neuen Kommandeur, weinen sehe...[40]

Nach dieser furchtbaren Nacht im Juli 1943 planen mehrere Partisanengruppen, das Getto zu verlassen, um sich kämpfenden Verbänden außerhalb anzuschließen. Zu tief sitzt bei einigen die Enttäuschung, wie wenig die anderen Gettobewohner ihren Kampf unterstützen.

Moshe Alitzki schließt sich bereits einer der ersten Gruppen an. Doch kaum ist er die erste Nacht weg, als uns das schreckliche Gerücht erreicht, daß bereits von der zweiten Gruppe an alle folgenden verraten worden seien. Die Deutschen hätten sie bis zu einem bestimmten Platz fliehen lassen und dort aus einem Hinterhalt alle erschossen. Fürs erste verläßt keine weitere Gruppe mehr das Getto...

Im August 1943 verbreitet die deutsche Militärverwaltung die «Bekanntmachung», daß das Wilnaer Getto wegen wiederholter Unruhen in Kürze «aufgelöst» werden würde. Wer zu den «Unschuldigen» gehöre, solle sich freiwillig zum Arbeitseinsatz nach Estland melden. Dorthin würden alle Freiwilligen transportiert werden...

Diesmal ist es Mutter, die mich zum Aufbruch überreden will: «Sonia – in Wilna gibt es keine Zukunft mehr! Bis die Rote Armee hier ist, sind wir nicht mehr... Bald kommt wieder der Winter. Es gibt praktisch keinerlei Nahrung mehr im Getto – komm, laß uns zusammen nach Estland gehen...» Hirsch glaubt kein Wort, das in den «Bekanntmachungen» steht. «Sonia – ich war bereits in ihren sogenannten Arbeitslagern! Freiwillig gehe ich dahin nie wieder. Lieber sterbe ich kämpfend hier im Getto!» Es ist nicht nur meine Liebe zu Hirsch, die mich bleiben läßt, als Mutter Ende August tatsächlich ein kleines Bündel zusammenpackt. Ich denke genauso wie er.

Am 1. September 1943 bringe ich Mutter zur Sammelstelle, wo die Freiwilligen sich in lange Listen eintragen lassen. Es graut noch kaum der Tag, aber wie früher will Mutter bei den ersten sein. «Vielleicht treffe ich Vater oder Abraham!» ruft sie mir noch zu, als sie mit einer Gruppe anderer Frauen durch das Gettotor geführt wird. Es sind die letzten Worte, die ich von Mutter gehört habe...

Noch am selben Tag reißen deutsche Panzer im Norden des Gettos eine der Außenmauern nieder und eröffnen das Feuer auf einige Gebäude, in denen sie Partisanen vermuten. Zum Glück wird unsere Straße verschont. Im Norden werden die Angriffe von mehreren Partisanengruppen mutig abgewehrt. Die F.P.O.-Leitung verteilt ihr letztes Flugblatt, in dem sie alle im Getto verbleibenden Juden zum bewaffneten Widerstand aufruft. Aus einem Versteck im Oschmania-Weg werden Waffen und Munition an alle ausgegeben, die mitkämpfen wollen. Während der Kämpfe gelingt es dem Kommandeur Abba Kovner, mit über zweihundert Partisanen in die Wälder der Umgebung zu entkommen. Am Abend des 1. September ziehen die deutschen Panzer noch einmal aus dem Getto ab. Wir alle wissen, daß sie bald wiederkommen werden.

Nach diesem Gefecht haben wir kaum noch Waffen und Munition im Getto. Hirsch kommt mit anderen auf die Idee, in unserem Hof in der Spitalna-Straße 6 sogenannte Hilfswaffen anzufertigen: Flaschen mit brennbaren Flüssigkeiten, die als «Molotowcocktails» selbst Panzer in Brand setzen können; verschiedene Arten von Steinschleudern und einfache Schlagstöcke...

Ein Teil dieser «Munition» wird noch am gleichen Tag verteilt. Als wir am nächsten Morgen, dem 3. September 1943, die restlichen Gerätschaften verstecken wollen, steht plötzlich eine Gruppe von Gettopolizisten mit durchgeladenen Gewehren im Hofeingang. Wer mag uns verraten haben?

Ich kann mich im letzten Moment hinter einen Schuppen

fallen lassen, doch für Hirsch und zwei andere Jungen bleibt kein Ausweg. Hirsch versucht noch, sich mit einem Knüppel gegen die Verhaftung zur Wehr zu setzen, aber er ist schnell von den kräftigen Männern überwältigt. Ich bin froh, daß die Polizisten nicht gleich geschossen haben.[41]

Ein zweites Glück besteht darin, daß die Polizisten sich offenkundig doch nur auf einer «normalen Sammelaktion» für Arbeitslager in Estland befunden haben. Vermutlich wußten sie von unserer «Munition» nichts. Jedenfalls wird Hirsch am großen Sammelplatz abgeliefert, wo erst vor zwei Tagen Mutter aufgebrochen ist.

Bevor die etwa 200 Menschen für den nächsten Transport beieinander sind, springe ich hinzu und trage mich in die Freiwilligenliste ein. Hirsch und ich verlassen Wilna mit dem gleichen Transport nach Estland. Er geht etwa vierzig Meter vor mir in der Gruppe der Männer durch das Tor. Ich folge mit den Frauen. Erst als du dich am Gettotor noch einmal unauffällig umwendest, treffen sich unsere Blicke. Ich sehe an deinem Lächeln, daß du mich in der Menge erkannt hast...[42]

Gemeinsam von KZ zu KZ

Die Arbeitslager in Estland werden von den deutschen Wachleuten ebenso wie von uns Gefangenen mit jenen zwei Buchstaben benannt, die seit Beginn der Naziherrschaft alle Gegner das Fürchten lehren sollen: KZ. Diese Buchstaben stehen für das deutsche Wort «Konzentrationslager» – jene neu eingerichteten Gefängnisse, in denen Menschen konzentriert zusammengeführt werden, die für deutsche «Herrenmenschen»

145

als «Untermenschen» gelten: Juden, politisch Oppositionelle, Roma und Sinti, Homosexuelle, religiös Oppositionelle und dazu einige «normale Kriminelle», die bevorzugt als Aufseher eingesetzt werden. Behinderte dagegen werden eine Zeitlang in einigen Anstalten direkt und ohne Umweg umgebracht.

Einem Gerücht zufolge lautete die Abkürzung für die Nazi-Lager zuerst «KL» – wobei das L für das Wort Lager stand. Einigen SS-Leuten sei dies aber nicht zackig genug gewesen, hätte zu lasch und zuwenig furchteinflößend geklungen. So bürgert sich KZ als Drohwort selbst für jene ein, die an sich zu keiner der «Untermenschen»gruppen gehörten.

Das erste KZ, das wir nach etwa sieben Tagen Fußmarsch in Estland erreichen, heißt Narwa. Während des gesamten Weges konnten Hirsch und ich uns nur Blicke zuwerfen. Ein Gesprächskontakt war nicht möglich, da Männer und Frauen streng voneinander getrennt waren.

In Narwa müssen wir uns, kaum sind wir durch das bewachte Tor zu den Baracken der Frauen geführt worden, im Freien entkleiden und alle Sachen geordnet nach Schuhen, Unterwäsche und Oberkleidung ablegen. Was kommen da für armselige Haufen zusammen! Kaum jemand verfügt noch über ordentliche Kleider, so ist der Verlust zu ertragen. Schlimmer finde ich, daß mehrere SS-Männer sich offensichtlich einen Heidenspaß daraus machen, uns beim Ausziehen zuzuschauen und uns dann längere Zeit einfach nackt stehen zu lassen. Ich sehe, wie sie auf die Brüste einiger von uns zeigen, darüber irgendwelche unanständigen Bemerkungen machen und mehrmals in schallendes Gelächter ausbrechen. Mehrere von uns haben Angst, daß sie auch handgreiflich werden könnten.

Bevor es dazu kommen kann, wird dieser erniedrigende Zustand zum Glück von einem jungen, blonden SS-Obersturm-

bannführer beendet, der uns anweist, im Laufschritt zur Klei-
derkammer zu rennen. Dort erhalten wir eine Art groben Kittel und Holzpantinen. Keine Unterwäsche, keine Strümpfe.
Dann dürfen wir für eine Stunde unsere Baracken beziehen,
bevor der erste Arbeitseinsatz auf einem nahen Feld unter Bewachung beginnen soll.

In der Baracke stehen doppelstöckige Pritschen, wobei jedes
der engen Holzbretter mit zwei Frauen belegt werden muß. In
unserem Raum sind schon etwa fünfunddreißig Frauen untergebracht. Sie sprechen alle polnisch und halten sich eher
schüchtern zurück, als unsere große Gruppe hereinkommt. Die
meisten von uns sinken völlig erschöpft auf den Pritschen oder
auch auf dem Boden zusammen, um die kurze Pause zum Kräf-
tesammeln zu nutzen.

Auch ich versuche, es mir auf den harten Brettern, die nur
mit ein wenig Stroh abgepolstert sind, ein wenig bequem zu
machen. Unmöglich – die Knochen unserer abgemagerten Körper drücken schmerzhaft gegen das Holz. Kaum habe ich die
Augen geschlossen, als eine Berührung an meinem Arm mich
wieder aufschrecken läßt – eine vertraute Stimme spricht meinen Namen aus: «Sonia!»

Neben mir kniet Chaja, die jüngere Schwester von Hirsch,
und lächelt mich scheu an. «Chajale – was machst du bei den
polnischen Frauen?» Obwohl sie inzwischen vierzehn oder
fünfzehn Jahre alt sein muß, sieht sie noch immer recht kindlich aus. «Mutter und ich sind in einem anderen Lager getrennt
worden. Alle jüdischen Frauen wurden eines Morgens abgeholt, um zu einem nahen Wald geführt zu werden. Mutter
fürchtete, daß es dort vielleicht wieder zu Erschießungen kommen würde, und hat mich im letzten Moment einfach zu einer
polnischen Frau geschubst, die sie ein wenig kennengelernt

hatte. Seither bin ich bei denen, und die Deutschen denken auch, ich sei ein polnisches Mädchen.» – «Und was ist mit deiner Mutter geworden?» frage ich vorsichtig nach. Chaja schaut zu Boden, antwortet nicht. Schließlich stößt sie mit aller Bitternis eines Kindes hervor: «Es war gemein von Mutter, mich so zurückzustoßen. Ich wollte bei ihr bleiben um jeden Preis. Was habe ich denn jetzt schon für ein Leben?» Ich versuche, sie tröstend in den Arm zu nehmen. Doch sie bleibt stocksteif, hart, in ihrem kleinen Herzen verbittert. Sie muß unbedingt bald mit Hirsch zusammentreffen. Er ist der einzige, der das verstörte Mädchen wird erreichen können. Als ich ihr sage, daß Hirsch mit meinem Transport angekommen ist, erscheint tatsächlich ein freudiges Lächeln in ihren Augen. «Mein Bruder?» fragt sie mindestens zweimal ungläubig nach.

Doch es dauert leider noch einige Tage, bis wir die offiziellen und geheimen Möglichkeiten des Lagers so weit durchschauen, daß wir wissen, wie sich kurze Treffen zwischen Frauen- und Männerblock organisieren lassen.

Endlich kann ich Chaja eines Abends, als die meisten anderen schon schlafen, wecken und mit ihr im Schutze der Dunkelheit bis zu einer Stelle am trennenden Zaun zu den Männern schleichen, wo wir auf Hirsch warten sollen. Wir kauern flach am Boden, der schon herbstlich kühl ist, und warten über eine Stunde, ohne daß jemand erscheint. Mehrmals versuche ich mit Chaja ein flüsterndes Gespräch, aber sie antwortet kaum oder nur einsilbig.

Endlich ein leises Geräusch in unserer Nähe – da es auch ein Wachposten sein könnte, rühren wir uns zunächst nicht von der Stelle. Erst als ein leiser Pfiff ertönt, springen wir auf und laufen bis unmittelbar an den Zaun. Es ist Hirsch!

Auch er trägt eine Art Sträflingskleidung – nur ein Hemd,

eine viel zu weite Hose und keine Schuhe. Für einen Moment kommt der Mond so hell hinter den Wolken hervor, daß ich sein liebes Gesicht ganz klar sehen kann. Er ist unrasiert und wirkt dadurch noch dunkler als sonst, aber zum Glück sehe ich keine Spuren irgendwelcher Mißhandlungen. Mit sanfter Stimme spricht er uns an: «Chajale – Sonia! Wie froh bin ich, euch zu sehen!» Ich trete einen Schritt zurück, damit die verängstigte Chaja ganz dicht zu ihrem Bruder kann. Durch den Zaun legt ihr Hirsch eine Hand auf den Kopf und streichelt sie liebevoll. Erst steht Chaja noch ganz steif vor ihm. Schließlich schluchzt sie leise auf und preßt sich mit aller Kraft gegen den Zaun, um ihm so nah wie nur irgend möglich zu sein. An ihrem Zittern sehe ich, daß sie lautlos vor sich hin weint. Endlich beginnt sie, ihrem Bruder gegenüber ihr Herz zu öffnen.

Ich höre, wie sie ihm leise ins Ohr flüstert, ohne daß ich etwas verstehen kann. Nur einmal, als Hirsch nachfragt, sagt sie ein wenig lauter: «Ja – jede Nacht! Jede Nacht mußte ich zu dem Mann!» Meine Befürchtung bestätigt sich. Die kleine Chaja hat, obwohl sie doch noch ein Kind ist, in einem der Lager einem Mann, einem Aufseher oder Soldaten, zu Willen sein müssen. Eine maßlose Wut kommt in mir hoch. Chaja – liebe Chaja...

Unsere Zeit ist fast um, als Hirsch sich noch kurz mir zuwendet: «Verzeih, Sonia – heute brauchte Chaja mich!» Ich küsse seine Hand voller Verständnis und Dankbarkeit. Doch eine schöne Nachricht habe ich noch für ihn: «Weißt du, daß einige Frauen aus unserer Baracke heute morgen eines deiner Lieder gesummt haben?» Hirsch runzelt die Stirn: «Du meinst eines unserer Kampflieder aus Wilna?» – «Dein Lied, geliebter Hirsch! Du hast den Text im Frühjahr geschrieben, als wir vom Aufstand im Warschauer Getto[43] gehört haben – weißt du nicht mehr?» Erst jetzt kommt ein Lächeln auf sein Gesicht: «Ist es ‹Sage niemals, daß du den letzten Weg gehst›?» Ich nicke stolz. «Kannst du mal sehen – du bist ein berühmter Dichter!» Er macht ein so komisches, gar nicht berühmtes Gesicht, daß wir beide leise kichern müssen. «Daß du ja nicht verrätst, daß ich hier im Lager bin», gluckst er. «Sonst wollen die noch alle Autogramme!» Kaum können wir wieder ernst werden. Auch Chaja schaut ein wenig froher aus, auch wenn sie nur stumm neben uns kauert. Schließlich sagt er aber doch ernst: «Nein, Sonia, ich glaube, es wäre wirklich nicht gut, wenn die Deutschen erfahren würden, daß ein Gettodichter brav im Arbeitslager leben darf, anstatt wie alle anderen Partisanen sofort abgeschossen zu werden...» Seine Worte bringen uns wieder in die Realität zurück. «Wann können wir uns wieder hier am Zaun treffen?» fragt er, bevor wir zurück müssen. «Einmal in der Woche kann es klappen, hat eine der älteren Frauen aus meiner Baracke gesagt. Ich bringe wieder Chaja mit!» Zum Abschied streckt er beide Hände durch den Zaun, und Chaja und ich streicheln seine Arme, soweit wir können. Dann huschen wir zurück in den Schatten der nächsten Baracke...

So vergehen vier Wochen vergleichsweise ruhig im KZ Narwa. Chaja und ich sind pünktlich jede Woche an unserem geheimen Treffpunkt zur Stelle. Auch wenn sie sonst weiter traurig und verschlossen bleibt, so versäumt sie doch keinen unserer Gänge zum Zaun. Einmal denke ich bei mir, daß sie sich wahrscheinlich wegen der schrecklichen Erlebnisse der letzten Monate einen solchen Schutzpanzer hat zulegen müssen, und nun kann sie ihn nicht ohne weiteres wieder abstoßen. Vielleicht ist es auch besser so, solange unser aller Schicksal weiter ungewiß bleibt...

Als Ende Oktober 1943 alle Felder in der Umgebung Narwas

abgeerntet sind, wird das Lager zum größten Teil aufgelöst, und wir müssen uns in Richtung KZ Asari auf den Weg machen, wo wir für kriegswichtige Fabriken Hilfsarbeiten machen sollen. Zum Glück gehen alle jüdischen Männer und Frauen auf diesen Transport – was wird jedoch aus der kleinen Gruppe polnischer Frauen?

Angstvoll klammert sich Chaja an mich, als eines Morgens der Abmarsch beginnen soll und sich der Eindruck verstärkt, als sollten die Polinnen in Narwa zurückbleiben. Vielleicht gelingt es uns, Chaja einfach mit hinauszuschmuggeln, sie sozusagen wieder zur jüdischen Frau zu machen. So stumm und abwesend Chaja sonst oft ist – an diesem Morgen kann sie ihre Panik nur schwer kontrollieren. Große Tränen kullern aus ihren Kinderaugen.

Noch bevor wir zum Antreten und Zählen heraus müssen, wische ich ihr die Tränen ab und beschwöre sie, sich zu beruhigen. Um keinen Preis darf sie beim Appell irgendwie auffallen. Aber das ist leicht gesagt!

Mein Herz zieht sich zusammen beim Anblick dieses verstörten Kindes. Sie stolpert dicht hinter mir, am ganzen Körper bebend. Ich wage nicht, sie auf dem Platz an der Hand zu nehmen. Wann immer die SS-Leute wegschauen, flüstere ich beruhigend auf sie ein.

Kurz darauf kommt jener Obersturmbannführer, der uns vor Wochen in Empfang nahm, auf den Platz und teilt uns mit, daß er auch den Transport nach Asari leiten würde. Der Kerl ist höchstens 25, aber schon über und über mit Orden behängt. Trotzdem kann so eine Lagerleitung in Estland ja auch nicht gerade ein Wunschberuf sein. Dann kommt sein entscheidender Satz: «Die polnischen Weiber bleiben hier zum Aufräumen des Lagers!»

Sog nit kejnmol

Sog nit kejnmol, as du gejsst dem leztn Weg,
Chotsch Himlen blajene farschteln bloje Teg.
Kumen wet noch unser ojssgebenkte Scho,
Ss'wet a Pojkton unser Trot: mir senen do!

Fun grinem Palmenland bis wajtn Land fun Schnej,
Mir kumen on mit unser Pajn, mit unser Wej,
Un wu gefaln is a Schpriz fun unser Blut,
Schprozn wet dort unser G'wure, unser Mut.

Ss'wet di Morgensun bagildn uns dem Hajnt,
Un der Nechtn wet farschwindn mitn Fajnd.
Nor ojb farsamen wet di Sun un der Kajor,
Wi a Parol sol sajn doss Lid fun Dor zu Dor.

Dos Lid geschribn is mit Blut un nit mit Blaj,
Ss'is kejn Lid fun a Fojgl ojf der Fraj,
Doss hot a Folk zwischn falndike Went,
Doss Lid gesungen mit Naganess in de Hent.

To sog nit kejnmol, as du gejst dem leztn Weg,
Chotsch Himlen blajene farschteln bloje Teg.
Kumen wet noch unser ojssgebekte Scho,
Ss'wet a Pojkton unser Trot: mir senen do!

Sage niemals

Sage niemals, daß du gehst den letzten Weg,
Wenn auch bleierner Himmel den blauen Tag verdeckt.
Kommen wird noch unsere erträumte Stunde,
Dröhnen wird unser Schritt: Wir sind da!

Von dem grünen Palmenland bis zum fernen Land des Schnees
Kommen wir mit unserer Pein, mit unserem Weh,
Und wo ein Tropfen von unserem Blut geflossen ist,
Wird unser Heldentum sprießen, unser Mut.

Es wird die Morgensonne uns das Heute vergolden,
Und das Gestern wird verschwinden mit dem Feind.
Und wenn die Sonne und das Frührot ihre Pflicht versäumen,
Soll das Lied die Parole sein von Geschlecht zu Geschlecht.

Das Lied ist geschrieben mit Blut und nicht mit Blei,
Es ist kein Lied eines Volkes in der Freiheit,
Es hat ein Volk zwischen einstürzenden Wänden
Dieses Lied gesungen mit Pistolen in den Händen.

Sage niemals, daß du gehst den letzten Weg,
Wenn auch bleierner Himmel den blauen Tag verdeckt.
Kommen wird noch unsere erträumte Stunde,
Dröhnen wird unser Schritt: Wir sind da!

«Sog nit kejnmol ...» Text von Hirsch Glik, im April/Mai 1943 in Wilna zu
Ehren der Menschen vom Aufstand im Warschauer Getto geschrieben.

Damit dreht er sich um und gibt seinen Untergebenen Anweisungen für den Aufbruch. Die Gruppe der polnischen Frauen wird zurück in die Baracke befohlen. Chaja bleibt zitternd neben mir stehen.

Keine der Polinnen läßt sich etwas anmerken. Das werde ich ihnen nie vergessen, denn bereits damit riskieren sie einiges, wenn am Abend beim Zählen jemand fehlt. Und doch ist das Schicksal gegen uns. Noch heute sehe ich vor mir, wie einer der SS-Leute, der eigentlich eher gelangweilt am Rand steht, seinen Blick über uns Frauen schweifen läßt. Plötzlich bleiben seine Augen an der kleinen zitternden Chaja hängen – und ich spüre förmlich, wie ihm ein Licht aufgeht. Zornig kommt er auf uns zu: «Will die kleine polnische Schlampe mit auf den Ausflug, was? Mach, daß du in deine Baracke kommst!» Damit zerrt er sie an ihrem Kittel aus unserer Reihe und schubst sie den anderen polnischen Frauen hinterher. Ohne Überlegung rufe ich vor Verzweiflung: «Aber die Kleine ist Jüdin!» Der Kerl dreht sich genervt nach mir um: «Schnauze!» Noch einmal versuche ich: «So lassen Sie doch das Mädchen mit uns kommen!» Da kocht sein Ärger über, und bevor ich mich ducken kann, hat er mir einen Hieb mit seiner Peitsche über den Rücken gezogen. Dann brüllt er: «Schnauze, habe ich gesagt!» Nur mit Mühe kann ich mein Gleichgewicht bewahren, um nicht hinzustürzen. Aus den Augenwinkeln beobachte ich, daß mit Chaja eine eigenartige Veränderung vor sich geht in dem Moment, als mich der Peitschenhieb trifft: Ihr Weinen und Zittern hören schlagartig auf, wie eine Maske erstarrt ihr Gesicht, und ohne eine weitere Gefühlsregung zu zeigen, geht sie mit steifen Schritten zurück zur Baracke. Chajas Panzer ist wieder dicht...[44]

Als wir wenig später durch das Tor auf die Landstraße geführt werden, erspäht mich Hirsch von ferne und winkt mir kurz freudig zu. Es ist das einzige Mal, daß ich seinen Gruß nicht erwidern kann, so sehr muß ich weinen.

Mehrere Frauen in meiner Nähe summen leise den Refrain der Partisanenhymne – «Sage niemals, daß du gehst den letzten Weg...» Ich kann nur mühsam schlucken. Kein Ton kommt über meine Lippen...

«Sog nit kejnmol!»

Der Winter im KZ Asari wird noch einmal zu einer schrecklichen Zeit. Die Arbeit in den verschiedenen Fabriken ist so schwer und gefährlich, daß mehrere Frauen sich schmerzhafte Verletzungen zuziehen, wenn Eisenteile herunterfallen oder jemand zu dicht an die ungeschützten Zahnräder der Maschinen gerät. Hinzu kommt, daß viele vor Übermüdung und Entkräftung bei den 12-Stunden-Arbeitstagen in ungeheizten Werkhallen zusammenbrechen.

Für mich ist das Schlimmste, daß es in Asari keine Möglichkeit gibt, mit Hirsch zusammenzutreffen, obwohl ich weiß, daß er jede Nacht im gleichen Lager zubringt. Anfang 1944 können wir für kurze Zeit kleine Zettelchen über einen Boten austauschen. Aber auch das endet bald, als der junge Häftling, der sich durch seine Botendienste etwas dazuverdient, zu viele Aufträge annimmt, schließlich entdeckt wird und noch am gleichen Tag erschossen wird. Niemand will seine Aufgabe übernehmen.

Obwohl Hirsch sich in diesen Zettelchen mehrmals nach Chaja erkundigt, traue ich mich lange nicht, ihm die Wahrheit mitzuteilen. An seine hoffnungsvolle Nachricht vom Februar

1944 erinnere ich mich genau: «Geliebte S.! Am 3. 1. 44 hat die Rote Armee die alte polnische Grenze überschritten – bald werden sie Wilna befreien! Und bald auch uns! Küsse, H.»

Erst im März 1944 schöpfe auch ich wieder Mut. Vom KZ Asari werden wir – nur noch etwa hundertfünfzig Wilnaer Juden – in das KZ Goldpilz verlegt, wo endlich wieder Einsätze auf den Feldern in der freien Natur geleistet werden können. Und endlich können Hirsch und ich uns wiedersehen!

Goldpilz ist das bisher beste Lager von allen. Zwar gibt es auch hier strenge Strafen und getrennte Baracken für Männer und Frauen, aber es gibt auch einige Werkstätten, wo Frauen und Männer gemeinsam arbeiten können.

Diejenigen von uns, die auf den Feldern arbeiten müssen, machen darüber hinaus die schöne Erfahrung, daß die estnische Bevölkerung anders als die Litauer kaum Judenhaß zeigt – im Gegenteil kommt es immer mal wieder vor, daß uns eine Bäuerin oder ein einfacher Knecht, die unser elendes Aussehen rührt, ein Stück Brot oder ein paar Kartoffeln zusteckten. Mehr noch als das Essen mich stärkt, spüre ich erst jetzt, wie sehr meine Seele all die Jahre unter dem schon fast zur Gewohnheit gewordenen Haß der Mitmenschen gelitten hat… Manches freundliche oder gar ermutigende Zunicken gibt mehr Kraft, als die Menschen, die es verschenken, ahnen mögen.

«Im Sommer sind wir frei, Sonia!» sagt Hirsch an einem herrlichen Frühlingsabend, als wir uns nach der Arbeit kurz sehen können, bevor wir in unsere Baracken zurück müssen. «Was willst du als erstes tun, wenn du frei bist, Lieber?» will ich plötzlich von ihm wissen. «Nach Wilna möchte ich nicht zurück», antwortet Hirsch. «Wenn ich frei bin, möchte ich…», er zögert. «Ich möchte…» Wieder stockt er. «Weißt du, Sonia, ich weiß es nicht genau! Ich möchte mit dir zusammensein und irgendwann nach Palästina auswandern – aber was ich als allererstes tun möchte?» Ich weiß es auch nicht. Ich ahne nur, daß es etwas ganz Einfaches sein soll. Vielleicht nur auf einer Wiese liegen. Oder mit Hirsch allein an den Ufern eines Sees entlanglaufen... etwas ganz Einfaches.

Im KZ Goldpilz erfahren wir bald, daß es außer Hirsch und mir noch andere ehemalige Partisanen gibt. Einige, die schon länger hier sind, haben bereits regelmäßige Kontakte zu Gruppen außerhalb des Lagers geknüpft. Immer häufiger erreichen uns zuverlässige Informationen über die genaue Lage an den Fronten und die strategischen Ziele der Partisanengruppen im Hinterland. In mancher Arbeitspause hocken wir zusammen und diskutieren, was wir von Goldpilz aus machen können, um gegen die Deutschen zu kämpfen.

Im Mai 1944 beschließen wir, geheime Ausgänge anzulegen, damit wir aus dem Lager fliehen und uns den kämpfenden Gruppen in den Wäldern anschließen können. Das ist aber leichter gesagt als getan. Nach einem genauen Plan werden wir reihum eingeteilt, um in Schichten zu jeweils drei Leuten an einem Tunnel zu graben, der von den etwas abseits stehenden Latrinen aus unterirdisch bis zum nahen dichten Wald führen soll. Während einer aufpaßt, müssen die anderen beiden so leise wie möglich buddeln und gleichzeitig die zutage geförderte Erde an verschiedenen Stellen unauffällig verteilen.

Uri, einer unserer Anführer, schätzt, daß wir bestimmt sechs bis acht Wochen benötigen werden, bis der Tunnel fertig ist. Wann immer möglich, versuchen Hirsch und ich, daß wir zusammen eingeteilt werden zum Graben. So haben wir trotz der täglichen schweren körperlichen Arbeit doch immer einige Stunden, wo wir leise miteinander reden können.

Ende Juni passiert eine schwere Panne, die beinahe das gesamte Vorhaben zum Platzen bringt. Mitten in der Nacht kommt plötzlich Riwka, eine Vertraute von Uri, zu mir an das Barackenfenster: «Sonia, Sonia», flüstert sie mit gepreßter Stimme, «komm, schnell – ein Teil des Tunnels ist zusammengestürzt und hat einen von uns verschüttet!» Voller Angst laufe ich, so leise ich kann, um die anderen in meiner Baracke nicht zu wecken, mit Riwka zu den Latrinenhäuschen.

Hirsch, Uri und zwei andere Männer graben mit bloßen Händen, um den Verschütteten nicht zusätzlich zu verletzen. Seine Beine bis etwa zum Gürtel sind schon freigelegt, aber der Kopf und Oberkörper stecken noch unter den Erdmassen. Unmöglich kann der Mann so Luft bekommen.

«Mein Gott, Hirsch», frage ich leise, «ist er etwa schon tot?» Hirsch schaut mich kurz an, zuckt die Achseln und gräbt vorsichtig weiter. Riwka und ich holen inzwischen Wasser. Als wir zurückkommen, stehen die Männer schweigend um den Ausgegrabenen. Die Rettungsaktion kam zu spät. Unser Gefährte ist unter den Erdmassen erstickt...

Was sollen wir jetzt nur tun? Hier kann er unmöglich bleiben. Und sein Fehlen wird spätestens morgen beim Zählappell festgestellt werden. Uri macht einen brutalen, aber realistischen Vorschlag: «In der Nähe des südlichen Tores, wo es hinüber zu den Häusern der Wachmannschaften geht, ist elektrischer Todesdraht gespannt. Wenn wir unseren Gefährten dort in den Draht werfen, sieht es aus, als hätte jemand einen Fluchtversuch oder Selbstmord begangen. Das ist im Winter schon ein paarmal vorgekommen. Seid ihr einverstanden?»

Wir fühlen uns mies dabei, aber niemand hat eine bessere Idee. Riwka und ich reinigen seinen Körper von der frischen Erde. Dann tragen die Männer ihn im Schutz der letzten Dunkelheit hinüber zum Todesdraht. Wir erreichen unsere Baracken gerade rechtzeitig, bevor der neue Tag sich mit dem Morgengrauen ankündigt...

Trotz dieses schweren Unglücks wird unser Tunnel Anfang Juli 1944 fertig. Die Tarnung, sowohl unter den Deckeln des Latrinenhäuschens drinnen als auch unter dichten Zweigen am Waldesrand draußen, ist nahezu perfekt.

Sobald Kontakt zu einer Partisanengruppe in den umliegenden Wäldern aufgenommen ist, der wir uns anschließen können, wollen wir in einer Nacht in kleinen Gruppen von jeweils fünf bis zehn Leuten nacheinander das KZ verlassen. Dies erweist sich nun allerdings schwerer als vermutet, denn die meisten kämpfenden Gruppen haben sich in südlichere Landesteile verzogen, wo zur Zeit entscheidende Schlachten gefochten werden. Wir beschließen trotzdem, noch etwas zu warten, denn uns ist die Umgebung nicht sehr vertraut, und die Gefahr, den Deutschen nach der Flucht wieder in die Arme zu laufen, ist nicht gerade klein. Bis August wollen wir warten, länger nicht.

Mitte Juli 1944 erreicht uns die aufregende Nachricht, daß die Rote Armee am 12. Juli die Deutschen aus unserer Heimatstadt verjagt hat. «Und wie viele Juden gibt es noch in Wilna?» will Uri wissen. Der Bote zuckt die Achseln: «Keine Ahnung – in Wilna selbst konnten nur ganz wenige in Verstecken überleben, nachdem das Getto aufgelöst worden war. Aber wir vermuten, daß aus den umliegenden Wäldern in den nächsten Tagen noch einige zurückkommen werden...» Von einigen spricht der Bote – in Wilna haben vor dem Krieg über 60000 jüdische Menschen gelebt!

Trotzdem erregt uns die Nachricht von der Befreiung Wilnas sehr. Einen Abend später sagt Hirsch plötzlich zu mir: «Sonia – ich möchte mich heute nacht mit dir an unserem Tunnel treffen. Kommst du?» Ohne zu überlegen, stimme ich zu. Ein ähnlicher Gedanke war mir gekommen. Bevor wir uns trennen, wollen wir fast gleichzeitig noch etwas loswerden: «Aber sag nichts den anderen!» Das kommt wie aus einem Munde hervor. Wie zwei Schulkinder müssen wir loskichern...

Trotz der warmen Sommernacht hat Hirsch eine Jacke mit, die er von einem estnischen Bauern geschenkt bekommen und durch alle Lagerkontrollen geschmuggelt hat. Vorsichtig klettern wir durch das unromantisch stinkende Eingangsloch unseres Tunnels und krabbeln auf allen vieren bis auf die andere Seite. Auch dort verschließen wir den Eingang wieder sorgsam, bevor wir uns auf den Weg zu einer kleinen Lichtung in der Nähe machen.

Hirsch breitet seine Jacke auf den weichen Waldboden und läßt sich mit dem Rücken darauf fallen. «Komm, Sonia!» sagt er so zärtlich und ruhig, als ob wir daheim in einer sicheren Wohnung wären und nicht hier draußen in einem unbekannten Wald, nur wenige hundert Meter von den deutschen Wachmannschaften.

Ich lege mich ebenfalls auf den Rücken, ganz dicht neben ihn, und ohne ein weiteres Wort schauen wir in den klaren, wunderschönen Sternenhimmel. Es ist ein solcher Frieden, ein solches Glück zwischen uns, ohne daß wir das geringste tun.

Nach einer ganzen Weile dreht Hirsch mir sein Gesicht zu. «Ich glaube, wir haben es geschafft! Sonia, Liebes, ich glaube, wir haben diesen elenden Scheißkrieg geschafft!» Viel später lieben wir uns so wild, als könnten wir es sonst gar nicht glauben, daß wir zusammen sind. Danach müssen wir uns beeilen, rechtzeitig zurück zu sein, bevor es hell wird...

Etwa eine Woche später trommelt uns Uri zusammen: «Schlechte Nachrichten, Leute! Die Deutschen wollen in Kürze das Lager auflösen, angeblich weil die Rote Armee sich nähert.

Nur ein Teil soll in ein anderes KZ überführt werden. Der größere Teil der Häftlinge von Goldpilz soll an Ort und Stelle erschossen werden.» – «Bist du sicher?» bohrt Riwka nach. «Jeder Zweifel ausgeschlossen! Das Problem ist nur, daß wir immer noch keine Partisanengruppe haben, die uns hier in der Nähe im Empfang nehmen könnte. Mein Vorschlag: Wir halten uns ab jetzt alle bereit, um jederzeit türmen zu können. Notfalls müssen wir allein in die Wälder gehen. Hier ist ein Plan für den Abmarsch!»

Neugierig schauen wir auf die umsichtige Vorbereitung von Uri. Ein Detail gefällt mir jedoch überhaupt nicht. Hirsch ist für die erste Gruppe eingeteilt, ich erst für die dritte. «Uri, ich will auch in der ersten Gruppe sein!» Uri behauptet, daß das nicht ginge, weil die Frauenbaracken zu weit südlich seien – und weil es dort zu leicht auffallen könnte, wenn der Abmarsch beginnt. Außerdem sollen Leute aus verschiedenen Bereichen abwandern, damit nicht an einer Stelle vorschnell eine große Lücke entsteht. Vor allem für einen notgedrungenen Abmarsch bei Tag hätte dies große Bedeutung.

Unwillig stimme ich zu. Auch Hirsch ist nicht zufrieden, aber schließlich vertrauen wir beide auf Uris größere Erfahrung. Für die Nachtflucht werden wir uns persönlich verständigen. Bei einer Tagesflucht ist es ein Käuzchenschrei, der das Zeichen zum Aufbruch gibt. Noch einmal studieren wir aufmerksam Uris Plan: Reihenfolge des Abmarsches, erster zentraler Sammelpunkt im Wald, zwei weitere Alternativtreffpunkte, Warnung vor vermuteten Stellungen der Deutschen im Wald. Bevor wir uns trennen, hält Uri ein Streichholz an den Plan...

Zwei Tage später, es ist noch vor dem Wecken der anderen am frühen Morgen, mache ich mich auf, um Wasser zu holen für den Sanitätsdienst, was seit einiger Zeit zu meinen normalen Diensten im Lager gehört.

Erst glaube ich, meinen Ohren nicht zu trauen, als ich ein Käuzchen dreimal hintereinander rufen höre. Doch das muß unser Zeichen sein – in solch genauem Abstand ruft kein Vogel dreimal hintereinander. Ich stelle meinen Eimer ab und versuche, bei den Latrinenhäuschen etwas zu erkennen.

Und richtig – für den unaufmerksamen Beobachter kaum wahrnehmbar, bewegen sich an der Rückfront des Häuschens ein paar Büsche. Die erste Gruppe ist also schon beim Abmarsch. Die erste Gruppe – Hirsch muß dabeisein!!

Obwohl ich so genau wie möglich hinstarre, kann ich keinen Menschen erkennen – immer wieder nur die leicht zitternden Zweige. Kaum mag ich mich von der Stelle rühren, aber es würde auffallen, wenn ich nicht pünktlich das Wasser bei der Krankenstation ablieferte. Also mache ich mich folgsam auf den Weg zum Brunnen. In fünfzehn Minuten wird die zweite Gruppe folgen. In einer halben Stunde bin ich dran.

Mit einem mürrischen «Morgen!» knalle ich den Eimer in die Küche der Sanitätsabteilung. Nur nichts anmerken lassen. Dann gehe ich mit ruhigen Schritten zurück zu meiner Baracke, um mein Bündel zu holen und mich auf den Abmarsch der dritten Gruppe vorzubereiten.

Kaum habe ich meine Baracke betreten, als draußen ein Heidenspektakel losgeht: Die Alarmsirene am Haupttor heult auf, die Wachhunde bellen wie verrückt, und erste Maschinengewehrsalven knattern los... mein Gott, unsere Flucht ist entdeckt!!

Wenn die Lagersirene heult, muß jeder Häftling in seiner Baracke bleiben. Wer draußen herumläuft, kann ohne Warnung niedergeschossen werden. Trotzdem halte ich wenigstens meinen Kopf aus dem winzigen Barackenfenster, um zu sehen, ob zumindest die zweite Gruppe noch hat türmen können. Es ist von meinem Platz nicht zu erkennen – lediglich das Latrinenhäuschen ist umgekippt, und die Kettenhunde schnüffeln und bellen wie verrückt über unserem mühselig gebuddelten Loch. Offenkundig wagen die Wachleute sich aber nicht in den Tunnel, aus Angst, es könnte sie ein Hinterhalt erwarten. Das ist gut so, denn es verschafft den beiden ersten Gruppen mehr Zeit...

Erst langsam, ganz allmählich dämmert mir, daß Hirsch und ich wegen Uris elendem Plan erneut getrennt sind. Mit zunehmender Panik wird mir klar, daß ich vorerst keine Möglichkeit haben werde, ihm zu folgen. Und was wird überhaupt aus dem Lager werden?

Bis zum Mittag müssen wir alle in unseren Baracken bleiben. Dann werden wir auf den Appellplatz zitiert. Willkürlich werden aus der Gruppe der Männer vierzig herausgezerrt und vor unseren Augen erschossen. So etwas hatte es in Goldpilz bisher nicht gegeben. Voller Entsetzen starren wir auf den Lagerkommandeur, jenen jungen Obersturmbannführer, der in schneidendem Ton mitteilt: «Dieses Lager wird morgen aufgelöst! Sämtliche Feiglinge, die heute morgen versuchten zu fliehen, sind gefangen und an Ort und Stelle erschossen worden! Wer sich in den nächsten Tagen irgendwelchen Anweisungen des Wachpersonals widersetzt, wird ohne Vorwarnung ebenfalls erschossen!»

Erschossen, erschossen, erschossen... Die Worte dröhnen in meinem Kopf. Er will uns angst machen, er will angeben, er hat nicht einen einzigen ergriffen. Mein Pulsschlag hämmert in meinem Gehirn... Hirsch, du lebst, Lieber, du mußt leben – wir haben es doch schon fast geschafft...

Tel Aviv 1989

Er mag Angeln überhaupt nicht. Es ist ihm zu langweilig. Vielleicht hat er auch gar keine Idee, was er machen sollte, wenn tatsächlich einmal ein Fisch anbeißt.

Dafür buddelt und baut er mit Leidenschaft am Strand. Nicht nur einfache Burgen wie wir früher. Künstlerische Phantasiegebilde mit Unterführungen, Tunneln und Höhlen. Mit seinen dünnen Ärmchen wühlt er bis zur Schulter in seinen Ausschachtungen. Manchmal schaut wie bei einem buddelnden Hund nur der kleine spitze Hintern in die Luft.

Er weiß inzwischen genau, bis zu welcher Höhe das Wasser bei der Flut steigt. Ist ein Bauwerk noch nicht in der vorgesehenen Zeit fertig geworden, so wird das vordrängende Wasser mit einem Damm kurzfristig aufgehalten. Es ist nicht schlimm, wenn die Flut in der Nacht alles wieder einebnet. Aber fertig soll es sein. Und wann etwas wirklich fertig ist, weiß nur der Baumeister selber. Und kein Meer hat davon auch nur einen Schimmer.

«Komm – schau es dir an, ja?» Mit deinen sandigen Händchen zerrst du mich aus meinem schattigen Platz. Das Aufstehen geht immer etwas langsam, wenn ich so lange auf einer Stelle gesessen habe.

Es ist ungefähr die gleiche Stelle, wo vor vierzig Jahren mir ein anderer kleiner Junge in deinem Alter einen Fisch geschenkt hat. Ich habe dir die Geschichte mal erzählt, aber du fandest sie langweilig. Du bist eben Yoav, mein kleiner Enkelsohn...

Eines Menschen Zeit: Vor sechzig Jahren war ich etwa so alt wie du, kleiner Yoav. Vor fünfzig Jahren war ich bei Tante Sara in Warschau. Dazwischen habe ich mich verliebt in einen Jungen, der nur zwei Jahre älter war als ich. Und der so wunderschöne hellblaue Augen hatte. Vor vierzig Jahren habe ich begonnen, die Geschichte unserer Liebe aufzuschreiben.

Dazwischen gab es einen Krieg mit über 50 Millionen Toten, davon allein 20 Millionen Russen und etwa fünf bis sechs Millionen Polen. Unter den Polen waren allein drei Millionen polnische Juden, die das Ende des Krieges am 8. Mai 1945 in Europa nicht mehr erleben durften. Einer von diesen Millionen Toten war der Junge, der Jugendliche, schließlich der junge Mann, den ich geliebt habe.

Dieser junge Mann war gerade zweiundzwanzig geworden, als ich ihn zum letzten Mal sah. Zum letzten Mal war wenige Tage nachdem wir uns noch einmal haben lieben dürfen. Zum letzten Mal war so nebenbei, weil wir unmöglich wissen konnten, daß es zum letzten Mal war. Wir hatten schließlich fest vor, gemeinsam zu fliehen und uns den Partisanen in Estland anzuschließen. Zum letzten Mal war das Zittern eines Zweiges neben einem Latrinenhäuschen.

Von da an wurden wir nach Westen verschleppt, die Rote Armee saß unseren Bewachern auf den Fersen. Seit jenem Morgen hatte ich für lange Zeit keinen eigenen Willen mehr. Ich lief mit. Ich wäre auch liegengeblieben, wenn es jemand befohlen hätte. So kam ich die letzten Monate des Zweiten Weltkrieges noch nach Deutschland. Ein schönes Land mit schrecklich zerbombten Städten. Was war an diesem Land Besonderes, daß von hier aus ein Krieg begann, an dessen Ende 50 Millionen Menschen gestorben und ermordet waren?

Endstation war Bergen-Belsen. Auf dem Weg dorthin trugen unsere deutschen SS-Aufseherinnen schon Zivilkleidung unter ihren Uniformmänteln. Neben mir lief ein paar Stunden eine dickliche Aufpasserin, die nicht viel älter als ich sein konnte. Sie keuchte schrecklich unter dem Tempo, das wir anschlagen mußten. Dabei waren unsere Befreier doch schon in unmittelbarer Nähe. Warum sah sie nicht zu, daß sie sich lieber selbst aus dem Staub machte?

Noch bevor wir das KZ Bergen-Belsen nördlich von Hannover erreichten, sagte ich zu ihr in gebrochenem Deutsch: «Mensch, nun machen Sie doch lieber, daß Sie wegkommen! Jetzt ist doch sowieso alles schon so gut wie vorbei!» Atemlos und erschrocken schaute sie mich an: «Das kann ich nicht machen!» – «Warum nicht?» – «Ich kann's nicht!» wiederholte sie, keineswegs unfreundlich.

Am 15. April 1945 haben mich die Engländer in Bergen-Belsen befreit.[45] Kurz darauf wurde dort alles abgebrannt wegen Typhusgefahr. Die Baracken, unsere Kleider. Einmal stank es ganz eigenartig. Mehrere Säcke mit Menschenhaaren waren im Feuer gelandet.

In Bergen-Belsen gehörte ich noch zu den «Gesunden» – mit 35 Kilogramm Lebendgewicht auf 172 Zentimetern. Wenige Tage nach der Befreiung bin ich schwer erkrankt. Ein paar Jahre lang. Vielleicht war es auch nur die Frage, ob ich ohne meine Liebe würde leben können.

Ich habe weitergelebt – auch ohne eine Antwort. Später habe ich hier in Israel einen Mann gefunden, der mir so viel Wärme gegeben hat, daß ich es schaffte, mit ihm zu leben und Kinder zu bekommen. Vielleicht liegt die Antwort in der Richtung, daß es sehr viele verschiedene Formen von Liebe gibt. Das würde mir den Raum lassen, meine erste Liebe als eine ganz besondere bewahren zu können. Nicht besser, nicht schlechter, nicht ehrlicher, nicht tiefer als viele andere Lieben – aber eben doch meine Liebe, die erste...

Du bist tatsächlich mit deinem Bauwerk vor der Flut fertig geworden. Stolz führst du mir die Windungen der Tunnel und die Kompliziertheit der Überführungen vor. Ich bin wirklich begeistert. Du gehst schließlich noch nicht mal zur Schule. «Soll ich es fotografieren?» frage ich dich. «Nein!» antwortest du, tief erstaunt über mein Ansinnen. «Wofür denn?»

Als bald darauf die ersten kleinen Ausläufer der großen Wellen an den Rändern deiner Kunst zu nagen beginnen, betrachtest du es ohne Sorge. Eher neugierig, welche Brücke zuerst einstürzt, welche Stützkonstruktion am längsten hält. Aber schließlich wird es dir doch langweilig.

Ich packe mein Sitzkissen und deine Spielsachen ein und bestehe darauf, daß du dir zumindest einen Pulli überziehst. Die ausgelesene Zeitung falte ich für den Papierkorb zusammen. Dabei fällt mein Blick noch mal auf die Titelseite. In der Westbank, nicht weit von hier, ist gestern ein palästinensischer Junge erschossen worden, als er eine Molotowflasche gegen einen israelischen Bus schleudern wollte.

Auf der Zeitung landet ein ausgelöffelter Eisbecher, kaum daß ich sie in den Abfall geworfen habe.

Ungeduldig wartest du am Strandweg auf mich: «Muß ich etwa noch Schuhe anziehen?» Ich schüttele den Kopf. Glücklich läufst du vor bis zur Straßenampel. Es ist nicht genau zu erkennen von hier, aber ich glaube, eben hat eine Welle dein Kunstwerk überrollt. Du winkst von der Ampel – ich soll endlich kommen.

Poesie als Waffe?

Esther Bejarano[46]

Abschiednehmen. Alleinsein. Verstoßen und erniedrigt werden. Das ist die eine Seite.

Die von Lutz van Dick erdachte Sonia durchlebt in der vorliegenden Erzählung, was viele von uns damals erfahren mußten. Konnten wir als junge Menschen anders darauf reagieren als mit Verzweiflung und lähmender Angst?

Wie Sonia wurde auch ich 1924 geboren. Es war kurz vor meinem siebzehnten Geburtstag, als ich in Breslau aus der Wohnung meiner Eltern zwei Koffer mit eigener Kleidung und Wäsche holen durfte. Vater und Mutter waren bereits abgeholt worden – mit etwa tausend anderen Breslauer Juden hatten sie die Stadt am 25. November 1941 auf einem Transport nach Riga verlassen müssen. In Riga wurden sie wie alle anderen erschossen und in einem Massengrab verscharrt.

Nach dem Kriege erfuhr ich von Zeugen, was sich an jenem Novembermorgen des Abtransportes in Breslau genau ereignet hatte: Als meine Eltern um sieben Uhr früh von den Nazis aus den Betten gerissen wurden, machte man meinem Vater ein Angebot. Wenn er sich als «Halbjude» von meiner Mutter scheiden lassen würde, dann könne er weiter unbehelligt in Breslau leben. Spontan soll mein Vater geantwortet haben: «Ich habe viele schöne Jahre mit meiner Frau verlebt. Soll ich sie etwa allein ins Unglück gehen lassen?»

Als ich im November 1941 die Koffer zu packen hatte, waren meine Eltern bereits ermordet. Ich wußte es zu diesem Zeitpunkt nicht. Als ich ein geliebtes Foto von unserem Bechsteinflügel nehmen und mit einpacken wollte, wurde ich von den NS-Leuten angebrüllt: «Das bleibt da!» Ich konnte meine Tränen wegen dieser Gemeinheit nicht zurückhalten. Einziger Kommentar eines Polizisten: «Jetzt hab dich nicht so! Du wirst noch Schlimmeres erleben!»

Mit achtzehn Jahren mußte ich selbst «auf Transport» gehen, wie es damals hieß – in das berüchtigte Konzentrationslager Auschwitz-Birkenau. Dort wurden mir die letzten persönlichen Sachen abgenommen, die Haare geschoren, zuletzt der Name genommen: Auf meinen linken Arm wurde die Nummer 41 948 tätowiert.

Im KZ Auschwitz-Birkenau gab es ein sogenanntes Mädchenorchester. Es mußte aufspielen, wenn die halb verhungerten und geschundenen Menschen von der Arbeit zurückkehrten, später auch, wenn Transporte für die Gaskammern zusammengestellt wurden. Eines Tages wurde eine Akkordeonspielerin gesucht. Die Musikerinnen wohnten mit einigen anderen «Funktionsträgerinnen» in einer besonderen Baracke mit richtigen Betten. Ich hatte bis zu diesem Tag nie Akkordeon gespielt, jedoch früher Klavierunterricht gehabt. Irgendwie schaffte ich es, den Schlager «Belami» zu spielen. Ich wurde genommen. Ich durfte wieder ein paar Monate länger leben.

Damit kein Zweifel aufkommt: Ich spreche immer noch von der einen Seite der Erniedrigung. So viele schreckliche Bilder sind mir bis an mein Lebensende in die Seele gebrannt: Aus ganz Europa kamen die Menschen, die an uns vorbei ins Gas gebracht wurden. Manch einer mag gedacht haben: Wo noch Musik spielt, kann es ja nicht so schlimm sein. Es kann. Was für eine entsetzliche psychische Belastung für jede von uns Musikantinnen!

Nun kommt die andere Seite, von der ich sprechen muß – die Seite des Widerstandes, der Solidarität, der Zärtlichkeit inmitten der Hölle. Von Auschwitz wurde ich nach einiger Zeit ins KZ Ravensbrück überführt, wo ich bis kurz vor der Befreiung 1945 leben mußte. In Auschwitz war ich krank gewesen, sterbenskrank eine Zeitlang – und stumm. Jetzt in Ravensbrück bei der Zwangsarbeit für SIEMENS in einer Montagehalle, in der wir Schalter für U-Boote zusammensetzen mußten, gelang bei einigen tausend Kisten die Sabotage: Wir setzten Schalter falsch zusammen, ohne daß die Kontrolle es merkte. Es war doch so wenig, was wir tun konnten. Und doch: An jenem Abend, als die kleine Widerstandstat gelungen war, sangen und tanzten wir... Wie anders klang diese Musik!

Die biographische Erzählung über Hirsch Glik hat mich deshalb besonders berührt, weil darin nicht nur die Seite der Erniedrigung und des Nazi-Terrors deutlich wird, sondern auch die andere Seite der Selbstbehauptung und der Solidarität. Hirsch Glik hat damals seinen Mitmenschen sehr viel Mut gemacht mit seinen Gedichten, die sofort vertont wurden, damit

sie von uns gesungen werden konnten. Ich denke besonders an die beiden Lieder «Still, die Nacht ist voller Sterne» und «Sage niemals, daß du gehst den letzten Weg».

Die jiddischen Widerstandsgedichte und -lieder sind für uns heute deshalb von unschätzbarem Wert, weil sie zeigen, daß sich junge jüdische Menschen nicht nur wehrten, sondern dies auch mit Liebe und Würde untereinander taten. Und auch wie schwer und konfliktvoll dies sein kann, verschweigt die Geschichte über Hirsch Glik nicht.

Die meisten der damaligen Dichter und Musiker haben die Nazi-Zeit nicht überlebt. Wenn ich heute als Überlebende von Auschwitz und Ravensbrück jene jiddischen Lieder vortrage, dann spüre ich, wie die positive Kraft von Poesie und Musik auch jungen Menschen unserer Tage jene Ideen von Humanismus, Antifaschismus und Frieden vermitteln kann. Indem ich singe, versuche ich zu ermutigen zu eigenem Engagement. Indem ich singe, leben die Hoffnungen und Sehnsüchte nicht nur von Hirsch und «Sonia» weiter.

Erläuterungen

1 Die «blauen Augen» von Hirsch Glik werden u. a. erwähnt
von dem Schriftsteller und Chronisten des Gettos Wilna,
Shmerl Kaczerginsky (1908–1954), der den Jungen gut aus
der Schriftstellergruppe «Junger Wald» (jiddisch: «Jungvald») kannte. Kaczerginsky kämpfte später wie Hirsch bei
den Partisanen und überlebte die Nazi-Zeit. Er verun-
glückte tödlich 1954 bei einem Flugzeugabsturz (nach:
MEISEL 1957, S. 366).

1a Über das genaue Geburtsdatum von Hirsch Glik herrscht
unter Historikern ebenso Unklarheit wie über sein Todes-
jahr. Die in meinem Buch DER ATTENTÄTER (rotfuchs
527) auf S. 213 von FRANKL (1981, S. 209) übernomme-
nen Angaben haben meinen eigenen Nachforschungen
nicht standgehalten (dort: 1920–1943). Verschiedentlich
wird als Geburtsdatum auch 1921 oder 1922 angegeben.
Wie aus der Erzählung noch deutlich werden wird, halte ich
die Angabe 1922–1944 für am wahrscheinlichsten (so z. B.
auch in der ENCYCLOPAEDIA JUDAICA (1971, S. 619).
Demnach wäre Hirsch 1939 17 Jahre alt gewesen.

2 Dr. Tsemach Shabad (1863–1935), Arzt, Wissenschaftler,
Schriftsteller, Vorsitzender der Demokratischen Partei und
der Jüdischen Gemeinde. Seit 1925 hat er «Volksküchen»
für Hungernde in Wilna eingerichtet und – engagiert in
Schul- und Erziehungsfragen – ab Sommer 1929 in Zusam-
menarbeit mit der Krankenkasse sogenannte Sommerlager
für ärmere Jungen und Mädchen aus Wilna.

3 Wilna (polnisch: Vilno, litauisch: Vilnius) war zunächst seit seiner Gründung 1322 bis 1569 Hauptstadt von Litauen. Nach der Vereinigung Litauens mit Polen war es polnisch (1569–1795). Ab dann herrschten die russischen Zaren (1795–1915). Nach dem I. und bis zum Beginn des II. Weltkriegs 1939 gehörte es mit wenigen Unterbrechungen erneut zum polnischen Staatsgebiet (1918–1939). Von 1939–1941 hielt die Sowjetunion die Stadt besetzt. Am 24. Juni 1941 marschierten deutsche Truppen in die Stadt ein und errichteten kurz darauf für die jüdische Bevölkerung wie in Warschau ein Getto. Die sowjetische Rote Armee befreite Wilna am 12. Juli 1944. Seitdem war Wilna Hauptstadt der sozialistischen Sowjetrepublik Litauen innerhalb der UdSSR. Ab 1989 artikulierten sich verstärkte Unabhängigkeitsbestrebungen der Litauer gegenüber der Sowjetunion. Anfang 1990 besuchte deswegen der sowjetische Staatschef GORBATSCHOW zum ersten Mal Wilna. Im März 1990 erklärte sich Litauen einseitig unabhängig von der UdSSR. 1991 wird Litauen international als eigenständiger Staat anerkannt.

4 Der politische Zionismus wurde vor allem von dem Wiener Juden Theodor HERZL (1860–1904) als Antwort auf die Judenverfolgung in der Idee begründet, einen «Judenstaat» im «Gelobten Land» Israel zu schaffen. Das Wort Zionismus stammt von «Zion», einem der Berge Jerusalems, und bezieht sich sowohl auf die Stadt Jerusalem als auch auf das Land Israel. 1897 fand der 1. Weltkongreß der Zionisten in Basel statt. 1903 besuchte Theodor HERZL auch Wilna und wurde dort, trotz Verbots des Militärs, von der jüdischen Bevölkerung begeistert empfangen.

5 Jiddisch für «Familie», später auch öfter abfällig gemeint.

6 Hebräisch für «Einer des Volkes», gleichzeitig Name eines bekannten russischen Zionisten. An den jüdischen Schulen in Wilna wurde überwiegend in hebräisch gelehrt.

7 Bar Mizwa heißt wörtlich «Sohn des Gebots». Jungen, die das 13. Lebensjahr vollendet haben, werden in Form einer Feier – ähnlich der Konfirmation oder Kommunion bei den Christen – in die Gemeinde der Erwachsenen aufgenommen und damit «gebotspflichtig». In jüdischen Reformgemeinden werden auch die Mädchen einbezogen, und zwar nach Vollendung des 12. Lebensjahres. Das Mädchen ist dann Bat Mizwa, «Tochter des Gebots».

8 Am 30. Januar 1933 wurde Adolf Hitler, der Führer der NSDAP («Nationalsozialistische deutsche Arbeiterpartei», auch Nazis genannt) vom Reichspräsidenten von Hindenburg zum Reichskanzler ernannt, nachdem seine Partei bei der Novemberwahl 1932 über 31 % der Stimmen erhalten hatte. Nach dieser sogenannten «Machtergreifung» ließ er bald darauf alle anderen politischen Parteien verbieten.

9 Alexander Granach (1890–1945), bis 1933 bekannter Bühnenschauspieler in Berlin, danach weiter Theater- und Filmarbeit in der Emigration in Polen, der Sowjetunion und der Schweiz, ab Mai 1938 in den USA, wo er im Frühjahr 1945 an einer Erkrankung stirbt. In Wilna war er tatsächlich nur von April bis Juni 1934, obwohl mehrere Zeitzeugen sich an einen wesentlich längeren Aufenthalt zu erinnern meinen.

10 Ab 1. September 1941 mußten alle jüdischen Menschen in Deutschland (auch Kinder ab 6 Jahren) einen etwa handgroßen gelben Stern fest aufgenäht auf ihrer Kleidung tragen.

11 Es liegen verschiedene Angaben über dieses Gedicht vor:

Manchmal hat es auch den Titel «Sechs Wölfe» (vermutlich weil der 7. Tag der Shabbat ist, der jüdische Feiertag, an dem nicht gearbeitet wird).

12 Hashomer Hazair (wörtlich aus dem Hebräischen: «Der junge Wächter»): Eine linkszionistische Jugendorganisation, die, 1913 gegründet, 1937 bereits 58 000 Mitglieder in vielen Ländern hatte. Viele von ihnen wanderten um 1920 nach Palästina ein, wo sie für eine Verständigung zwischen Juden und Arabern eintraten und einen binationalen Staat aufbauen wollten. Auch heute noch ist der Hashomer Hazair in Israel und vielen anderen Ländern in aller Welt aktiv.

13 «Jungvald» ist der jiddische Name der von Lejser Wolf geleiteten Gruppe junger Wilnaer Schriftsteller und Künstler. «Jungvald» bedeutet – leicht zu raten – «Junger Wald».

14 Jiddisch für «Viel Glück!» Das z wird wie ein weiches s gesprochen.

15 Das Gedicht «Amol» ist in jiddischer Sprache abgedruckt in: DWORZECKI 1966, S. 43. Dort ist angegeben, daß er dieses Gedicht im Januar 1939 geschrieben hat. Es ist jedoch auch vorstellbar, daß es bereits früher geschrieben, aber erst 1939 gedruckt wurde.

15a Die Geschichte dieses Jungen – Herschel Grynszpan – wird erzählt in meinem Buch «DER ATTENTÄTER (rotfuchs 527).

16 Am 13. März 1938 war die deutsche Wehrmacht in Österreich einmarschiert und dort teilweise von der Bevölkerung jubelnd empfangen worden. Ab jetzt hieß Deutschland: «Großdeutsches Reich». Am 29. September 1938 schlossen Deutschland, Italien, England und Frankreich im «Münchner Abkommen» einen Vertrag, der Hitler den Weg für einen Einmarsch in die Tschechoslowakei ebnete. Der briti-

sche Premierminister Chamberlain hoffte damit, den Herrschaftsanspruch der Nazis in Europa zu besänftigen («Appeasement-Politik»). Am 15. März 1939 marschierte die deutsche Wehrmacht daraufhin in die Tschechoslowakei ein und errichtete in einem Teil das «Protektorat Böhmen und Mähren». Am 23. März 1939 wurde das Memelgebiet, ein Teil des litauischen Staatsgebietes an der Grenze zu Ostpreußen, besetzt. Tausende deutscher Emigranten mußten erneut fliehen.

17 Das Gedicht «Simson» ist in jiddischer Sprache abgedruckt in: DWORZECKI 1966, S. 45. Es stammt vom Februar 1939. Im Original besteht es aus rhythmischen Silben und Reimen. Die Sage von Simson, dem «Mann der Sonne», kann im Alten Testament im Buch der Richter (Kapitel 13–16) nachgelesen werden.

18 Am 10. August 1939 garantierten sich Polen und England gegenseitig, daß sie sich im Falle eines militärischen Angriffs beistehen würden.

19 Am 23. August 1939 schlossen zum Erstaunen der Weltöffentlichkeit Adolf Hitler und der sowjetische Staatschef Josef Stalin einen «deutsch-sowjetischen Nichtangriffspakt». In geheimen Zusatzprotokollen wurde vereinbart, daß die Sowjetunion sich bei einem Überfall Deutschlands auf Polen heraushalten würde und dafür hinterher einen Teil Polens bekommen sollte.

20 Am 31. August 1939 hatte Hitler um 12.40 Uhr den geheimen Befehl zum Angriff auf Polen gegeben. Ohne Kriegserklärung wird am 1. September 1939 im Danziger Hafen vom deutschen Linienschiff «Schleswig-Holstein» aus um 4.45 Uhr morgens auf das polnische Festland gefeuert. Am gleichen Tag formuliert Hitler im deutschen Rundfunk

doppelt unzutreffend: «Ab heute morgen 5.45 Uhr wird zurückgeschossen!» Gleichzeitig greifen 52 Divisionen, 2 Luftflotten und Seestreitkräfte Polen an. Erst zwei Tage später erklären daraufhin am 3. September 1939 England (um 11 Uhr) und Frankreich (um 17 Uhr) Hitler-Deutschland den Krieg. Der II. Weltkrieg beginnt in Polen.

21 Alle Daten in diesem Kapitel sind belegt durch das detaillierte Tagebuch des Warschauer Lehrers und Schulleiters Chaim A. KAPLAN (1967).

22 Bereits am 18. September 1939 sind die deutschen mit den sowjetischen Armeen bei Brest-Litowsk in Mittelpolen zusammengetroffen. Die Aufteilung Polens ist beschlossene Sache: Warschau gehört zum größeren westlichen deutschen Teil, Wilna zum kleineren östlichen sowjetischen Teil. Am 31. Oktober 1939 legt der «Generalgouverneur» Dr. Hans Frank für den von Deutschland besetzten Teil Polens – das sogenannte «Generalgouvernement Polen» – unter anderem folgende Richtlinien vor:

«Ganz klar müsse der Unterschied zwischen dem deutschen Herrenvolk und den Polen herausgestellt werden. Die NS-Volkswohlfahrt sei ausschließlich für die Deutschen da, während sich die Polen – von den Juden sei überhaupt nicht die Rede – selbst helfen müßten. Den Polen dürften nur solche Bildungsmöglichkeiten zur Verfügung gestellt werden, die ihnen die Aussichtslosigkeit ihres völkischen Schicksals zeigten...» (Aus: ZENTNER 1977, S. 235).

23 Am 2. Oktober 1940 begannen die Deutschen, alle Warschauer Juden und jüdischen Flüchtlinge in Warschau in das zuvor mit Mauern und Zäunen umgrenzte sogenannte «jüdische Wohnviertel» zu sperren. Auf engstem Raum

wurden mehr als 400 000 jüdische Menschen zusammenge-
pfercht. Zuvor mußten alle ihre noch verbliebenen Wertsa-
chen abgeben. Jedes Zimmer im Getto war durchschnittlich
mit 13 Personen belegt. Die durchschnittliche Ernährung
pro Person im Getto wurde festgelegt auf ein Brot und ein
halbes Pfund Zucker pro Monat. Bald brachen Seuchen im
Getto aus, und viele starben bereits im ersten Winter an
Hunger, Kälte und Krankheiten. Tausende wurden zur
Zwangsarbeit in Lagern um Warschau herum verpflichtet,
wo sie in der Regel 10–12 Stunden ohne Essen arbeiten
mußten. – Bereits ab Frühjahr 1940 hatte sich aber auch
Widerstand in Warschau zu organisieren begonnen, der jedoch erst am 19. April 1943 zum wirklichen Aufstand im
Getto führte, als klar war, daß die Massendeportationen in
die Gaskammern von Auschwitz und Treblinka führten.
Sonia und Hirsch erleben diese Zeit gemeinsam im Getto
von Wilna.

24 Das unerlaubte Verlassen des Gettos wird anfangs mit Prü-
gelstrafen u. ä. geahndet. Ab Oktober 1942 steht darauf die
Todesstrafe.

25 Was aus «Simson» wurde, ist unbekannt. Aber die Geschichte von Dr. Janusz Korczak (1878/79–1942) sollte
später noch die ganze Welt bewegen: Zunächst hatte er, der
seit 1911 Leiter des jüdischen Waisenhauses in Warschau
gewesen war, wie berichtet, im Oktober 1940 mit allen Kindern in das Getto umziehen müssen. 1942 erhielten alle
Bewohner seines Waisenhauses den Befehl zur Deportation
in die Vernichtungslager. In letzter Minute boten die Nazis
dem Doktor selbst an, im Getto zu bleiben und von der Deportation verschont zu werden. Doch er lehnte ab und ging
an der Spitze seiner Kinder in den Todeszug nach Tre-

blinka. Bis zuletzt sang er mit ihnen und erzählte ihnen, daß sie nur auf einen Ausflug gingen, um ihre Angst zu zerstreuen.

26 Der Shabbat ist der wöchentliche jüdische Feiertag. Er beginnt vor dem Dunkelwerden mit dem Anzünden zweier Kerzen und dem gemeinsamen Beten und Essen am Freitagabend. Am Shabbat ist es untersagt zu arbeiten. Er endet mit dem Sonnenuntergang am Samstagabend.

27 Leider irrt Sonia nicht. Bereits um 4 Uhr morgens an jenem 22. Juni 1941 hatte die deutsche Wehrmacht in einer geheim geplanten Aktion die Sowjetunion überfallen. Der vor knapp zwei Jahren geschlossene Pakt zwischen beiden Ländern wurde damit von Hitler gebrochen – auf den Tag genau 129 Jahre nach dem Einmarsch Napoleons in Rußland. Für die Sowjets wie für die Militärverwaltung in Wilna kam deshalb der Angriff tatsächlich völlig überraschend. Hitler hoffte, noch vor dem Beginn des Winters die Sowjetunion zu überrennen und zur Kapitulation zu zwingen. Doch wie Napoleons Soldaten, so lief die deutsche Wehrmacht fest im eisigen monatelangen Winter, ohne Moskau erobern zu können. Die Belagerung dieser und anderer sowjetischer Städte kostete Millionen von Zivilisten das Leben. Insgesamt hatte die Sowjetunion am Ende des II. Weltkrieges mit 20 Millionen Toten die meisten Opfer aller am Krieg beteiligten Länder zu beklagen.

28 Allein auf jenen zwei erwähnten Zügen verlassen am 23. Juni 1941 etwa 3000 Menschen Wilna. Tausende andere fliehen zu Fuß und werden bald eingeholt von den deutschen Fliegern (nach ARAD 1980, S. 30 f.).

29 Wilna hatte 1941 etwa 200 000 Einwohner, davon etwa 60 000 Juden (nach ARAD, S. 27 / 28).

30 In einigen Berichten wird das Torflager Rescher auch unter
dem Namen «KZ Waisse Wake» aufgeführt.

31 Nach Protokollen des sogenannten deutschen «Einsatz-
kommandos 9» wurden in Ponar vom 4. bis 20. Juli 1941
etwa 5000 jüdische Menschen aus Wilna erschossen. Bis
zum Ende des II. Weltkrieges wurden in Ponar etwa
100000 Menschen, auch Polen und Russen, ermordet (nach
ARAD, S. 77).

32 Im Getto 1 werden etwa 30000 Juden eingesperrt. Das
nördlichere Getto 2 mit etwa 10000 Menschen wird bereits
nach 46 Tagen wieder «aufgelöst» – Kinder, Frauen und
Männer werden in Ponar erschossen. Die jüdischen Menschen, die am 6. September 1941 weder in Getto 1 noch in
Getto 2 Platz finden (etwa 6000), werden noch in den folgenden Tagen in Ponar ermordet (nach ARAD 1980,
S. 113).

33 Dieses Dokument ist aus dem Englischen übersetzt. Es
stammt aus der Zeugenaussage von Abba Kovner vor dem
Jerusalemer Gerichtshof während des «Eichmann-Prozes-
ses» vom 4. Mai 1961 (Stenographisches Protokoll S. U1;
Yad Vashem Archiv Nr. CC 40/61).

34 In jiddisch stehen die Buchstaben F.P.O. für «Farejnigte
Partizaner Organisatsie».

35 «Abba» ist Abba Kovner (1918–1987), der im russischen
Sebastopol geboren und in Wilna aufgewachsen ist, wo er
wie Moshe, Sonia und Hirsch Mitglied im Hashomer Hazair war; wie Hirsch begann er schon früh, Gedichte zu
schreiben; ab Januar 1942 gehörte er zu den Anführern der
Partisanen in Wilna, später auch zu Partisanenbrigaden außerhalb Wilnas. 1945 wanderte er nach Palästina aus. Auch
nach dem Kriege war er als Schriftsteller tätig.

36 Der Feldwebel der deutschen Wehrmacht, der in Österreich geboren Anton Schmidt, wird Mitte 1942 wegen Unterstützung jüdischer Partisanen verhaftet und später hingerichtet. Jahre später wird er posthum als einer der «Gerechten unter den Völkern», der höchsten Auszeichnung des israelischen Staates für Nichtjuden, in Jerusalem geehrt (vgl. ARAD 1980, S. 233).

37 Die Geschichte des jiddischen Theaters im Getto Wilna erzählt Joshua Sobol in seiner Theaterproduktion «Ghetto» (als Buch in deutsch erschienen: SOBOL 1984). Hirsch Glik beschreibt die Konflikte aller am Theater Beteiligten, das auch vor SS-Leuten spielen mußte, in seinem Gedicht «Die Ballade vom braunen Theater» (1943), in jiddisch veröffentlicht in: DWORZECKI 1966, S. 55–58.

38 Diese Zeilen stammen aus dem Gedicht, das später als Lied gesungen wurde: «Schtil, di Nacht is ojssgeschternt...». Bei FRANKL steht, daß Hirsch dieses Gedicht dem Mädchen Witke (oder Vitka) Kempner gewidmet hätte, die 1942 im Wilnaer Getto im Kampf den Tod gefunden hätte (FRANKL 1981, S. 211). Diese Angabe kann nicht zutreffen, da Witke Kempner das Getto überlebte, später die Frau von Abba Kovner wurde und heute in einem Kibbuz in Israel lebt.

39 Das Original dieser Rede befindet sich im Yad Vashem Archiv / Jerusalem. Hier übersetzt aus dem Englischen nach RAN 1974, S. 439.

40 Yizhak Wittenberg (1907–1943) wird am Gettotor festgenommen und noch einige Tage schwer gefoltert, bevor er erschossen wird.

41 Die Schilderung der Verhaftung von Hirsch Glik am 3. September 1943 im Hof der Spitalna-Straße 6 erhielt ich

von der Augenzeugin Frau Sima Skurkowitz (Jg. 1924) am 3. 2. 1989 in Jerusalem. Frau Skurkowitz war von September 1943 bis August 1944 mit Hirsch Glik gemeinsam in sechs Arbeitslagern in Estland, bis er aus dem letzten Lager fliehen konnte.

42 Vom 1. bis 4. September 1943 wurden mehr als 8000 Juden aus dem Wilnaer Getto nach Estland deportiert. Am 15. September 1943 wurde Jacob Gens von den deutschen Militärs angeklagt, den jüdischen Widerstand unterstützt zu haben, und noch am gleichen Tag erschossen. Die endgültige «Auflösung» des Gettos Wilna erfolgte am 23. September 1943. Nur wenige Menschen konnten an diesem Tag noch in die umliegenden Wälder von Wilna entkommen (nach ENCYCLOPAEDIA JUDAICA 1971, Volume 16, Column 150).

43 Nachdem es etwa ab Sommer 1942 auch im Warschauer Getto zu regelmäßigen Massendeportationen in das Vernichtungslager Treblinka gekommen war, formierte sich im Getto zunehmend ein Widerstand bewaffneter jüdischer Kämpfer. Doch erst am 19. April 1943 kam es zum offenen Kampf, nachdem eine deutsche Panzereinheit ins Getto eingedrungen war, um neue Deportationen durchzusetzen. Zum ersten Mal erlitten die deutschen Soldaten hohe Verluste und mußten sich völlig aus dem Getto zurückziehen. Der ungleiche Kampf dauerte einige Wochen. Erst als die deutschen Soldaten begannen, die Häuser des Gettos systematisch niederzubrennen, brach der Widerstand langsam zusammen. Am 16. Mai 1943 meldete der verantwortliche deutsche General Jürgen Stroop: «Es gibt keinen jüdischen Wohnbezirk in Warschau mehr!» Mehr als 56000 Warschauer Juden hatten in diesem Kampf ihr Leben gelassen.

Hirsch Glik schrieb diesen Menschen zu Ehren noch in Wilna seine Hymne «Sage niemals, daß du gehst den letzten Weg...»

44 Chaja Glik wird von Narwa aus in das KZ Klooga transportiert, wo sie noch einmal dem schwerkranken Vater Wolf Glik begegnet. Beide kommen in Klooga/Estland im Winter 1944/45 um (nach DWORZECKI 1966, S. 9–11). Das Schicksal der Mutter Rachel Glik bleibt unbekannt.

45 Im KZ Bergen-Belsen sind von 1941 bis 1945 etwa 100 000 Menschen umgekommen. Unter ihnen war auch das Mädchen Anne Frank, dessen Tagebuch nach dem Kriege bis heute von Millionen Menschen in aller Welt gelesen wurde.

46 Esther Bejarano, geb. 1924 im Saarland, 1941–45 im Zwangsarbeitslager Neuendorf und den KZs Auschwitz-Birkenau und Ravensbrück, 1945–60 in Palästina/Israel, seit 1960 in Hamburg, Rundfunk- und Fernsehauftritte mit jiddischen Liedern, Mitarbeit im nationalen und internationalen Auschwitz-Komitee.

Literatur zum Vertiefen

Über die Situation aller polnischen Kinder im Krieg informiert:

HRABAR, Roman u. a. 1979: Kinder im Krieg – Krieg gegen Kinder. Die Geschichte der polnischen Kinder 1939–1945. Reinbek bei Hamburg.

Über die Situation von Kindern und Jugendlichen in Gettos und Lagern informieren:

DEUTSCHKRON, Inge 1964: ... denn ihrer war die Hölle. Kinder in Gettos und Lagern, Köln.

STANIC, Dorothea u. a. (Hrsg.) 1979: ... und draußen blühen Blumen. Kinder im KZ (mit Kinderzeichnungen), Berlin.

Den Alltag im Getto Warschau veranschaulichen die Fotobücher:

HEYDECKER, Joe J. 1983: Das Warschauer Getto. Foto-Dokumente eines deutschen Soldaten aus dem Jahr 1941 (Vorwort von Heinrich Böll), München.

SCHWARBERG, Günther (Hrsg.) 1989: Das Getto – Ein Geburtstagsspaziergang durch die Hölle, Göttingen.

Die Konflikte im Wilnaer Getto werden geschildert und mit Dokumenten belegt in dem Theaterstück:

SOBOL, Joshua 1984: Ghetto. Schauspiel in drei Akten. Mit Dokumenten und Beiträgen zur zeitgeschichtlichen Auseinandersetzung, Berlin.

Alle Fakten über den II. Weltkrieg können nachgeschlagen werden in:

ZENTNER, Christian (Hrsg.) 1977: Das Lexikon des Zweiten Weltkriegs, München.

Die Zeitereignisse aus der Sicht von Kindern und Jugendlichen schildern u. a. :

BAUMANN, Janina 1986: Als Mädchen im Warschauer Getto. Ein Überlebensbericht, München.

BEJARANO, Esther 1989: «Man nannte mich Krümel!» – Eine jüdische Jugend in den Zeiten der Verfolgung, Hamburg.

DAVID, Janina 1981: Ein Stück Himmel, München / Wien.

PETRI, Walther (Hrsg.) 1988: Das Tagebuch des Dawid Rubinowicz, Weinheim / Basel.

PHILLIPS, Janine 1983: Polen, Mai 1939, Ravensburg.

SUHL, Yuri 1989: Auf Leben und Tod (engl. 1988: Uncle Misha's Partisans; Erzählung über jüdische Partisanen in der Ukraine), Frankfurt / M.

Über jiddische Musik informiert u. a. :

FRANKL, Hai und Topsy 1981: Jiddische Lieder (Texte und Noten mit Begleitakkorden), Frankfurt / M.

Von den inzwischen verschiedenen Schallplatten / Kassetten mit jiddischer Musik, die auch die im Buch erwähnten Lieder vorstellen, sei hier empfohlen:

BEJARANO, Esther & Gruppe SIEBENSCHÖN 1987: Vögel träumen auf den Zweigen (LP MMG 640035 Pläne).

Darüber hinaus in diesem Buch verwandte Literatur:

(Im Text ist jeweils nur der Autorenname und das Erscheinungsjahr genannt. Der vollständige Titel findet sich hier.)

MEISEL, Nachman 1953: Hirsch Glick – Lieder un Poemes (in Jidd.), New York.

MEISEL, Nachman 1957: Noente un Eigene – From Jacob Dineson to Hirsch Glick (in Jidd.), New York.

DWORZECKI, Mark 1966: Hirsch Glik – L'Auteur du Chant des Partisans Juifs: «Ne dis jamais!» (Monographie in Jidd.), Paris.

ENCYCLOPAEDIA JUDAICA 1971 (in Engl.), Jerusalem.

RAN, Leyzer (Hrsg.) 1974: Jerusalem of Lithuania – Vilno in Pictures and Documents (Library of Congress Nr. 73–90918; Vol. I–II in Engl., Hebr., Jidd., Russ.), New York.

KAPLAN, Chaim Aaron 1967: Buch der Agonie. Das Warschauer Tagebuch des Chaim A. Kaplan (1. 9. 1939–4. 8. 1942), Frankfurt/M.

ARAD, Yitzchak 1980: Ghetto in Flames. The Struggle and Destruction of the Jews in Vilna in the Holocaust, Jerusalem.

ROSEN, Donia 1971: The Forest, my Friend, New York.

KALISCH, Schoschana 1985: Yes, we sang!, New York.

Danksagung

Für Beratung und Hilfe bei der Beschaffung von Dokumenten danke ich den Mitarbeiterinnen und Mitarbeitern der Yad Vashem Gedenkstätte für die Opfer des Holocaust in Jerusalem – hier besonders Hadassah Mödlinger (Archiv), Clara Gini (Bibliothek) und Gideon Greif.

Für Übersetzungen aus dem Jiddischen ist zu danken Dr. Herbert Rosenkranz / Jerusalem sowie Nissim und Esther Bejarano / Hamburg.

Für Augenzeugenberichte aus dem Getto Wilna sowie aus Arbeitslagern in Estland danke ich Sima Skurkowitz / Jerusalem.

Für sorgfältige Korrekturarbeit danke ich Adalbert Böning / Hagen, Dorothea Ihme / Berlin und Prof. Dr. Georg Hansen / Bremen; außerdem Cord Aschenbrenner / Hamburg; für Kritik in vielen Details besonders Detlef Jahn / Berlin.

Für zahllose alltägliche Ermutigungen während meines Aufenthaltes in Israel danke ich besonders herzlich Tamar Laakmann vom Leo-Baeck-Institut / Jerusalem, die seit 1990 als Bibliothekarin in der Gedenkstätte «Haus der Wannseekonferenz» in Berlin tätig ist.

Bücher über die national-
sozialistische Vergangenheit;
über Krieg, Rassismus und
Verfolgung.

Dietrich Seifert
Einer war Kisselbach *Ein
Jugendroman*
(rotfuchs 255 / ab 13 Jahre)

Lutz van Dick
Der Partisan *Das kurze Leben
des Hirsch Glik*
(rotfuchs 593 / ab 13 Jahre)
Die biographische Erzählung
über den Dichter und Wider-
standskämpfer Hirsch Glik in
der Nazi–Zeit.
Der Attentäter *Herschel
Grynszpan und die Vor-
gänge um die «Kristall-
nacht»*
(rotfuchs 527 / ab 14 Jahre)
Verdammt starke Liebe *Eine
wahre Geschichte*
(rotfuchs 597 / ab 14 Jahre)
Niemand versteht den pol-
nischen Jungen Stefan. Warum treibt der sich so oft mit
dem jungen deutschen Soldaten herum? Als dieser Soldat
an die Ostfront geschickt
wird, verzweifelt Stefan...

Wolfgang Kirchner
Wir durften nichts davon wissen
Ein Jugendroman
(rotfuchs 140 / ab 12 Jahre)
Danzig, März 1945. Für die
Brüder Wolfgang und Diti
und ihre Familie ist der Krieg
zu Ende: die Russen sind da.

Gerd Fuchs
Die Amis kommen *Ein Hitler-
junge erlebt das Kriegsende*
(rotfuchs 359 / ab 13 Jahre)
Florian hört, daß seine Eltern
ihn und sich selber vergiften
wollen, wenn der Krieg «ver-
lorengeht». Aber er will
leben!

Sigbert E. Kluwe
Glücksvogel *Leos Geschichte*
(rotfuchs 623 / ab 14 Jahre)
Leo hält sich für einen
Glücksvogel, denn er hat viele
Jahre in den Kerkern und La-
gern der Nazis überlebt und
seinen Traum verwirklicht,
Künstler zu werden. Erzählt
wird seine Geschichte von der
Verhaftung durch die Gestapo
bis zu seiner abenteuerlichen
Flucht.

Martin Selber
Geheimkurier A
(rotfuchs 123 / ab 11 Jahre)

Ilse Koehn
Mischling zweiten Grades
Eine wahre Geschichte
(rotfuchs 635)
Wegen ihrer jüdischen Groß-
mutter galt Ilse Koehn nach
den Nürnberger Gesetzen der
Nazis als «Mischling zweiten
Grades». Sie erzählt ihre Ge-
schichte.

Horst Burger
**Warum warst du in der Hitler-
Jugend?** *Vier Fragen an
meinen Vater*
(rotfuchs 194 / ab 13 Jahre)
Ein Vater stellt sich den Fragen seines Sohnes.

Geschichten von hier und heute.

Anatol Feid
Im Namen des Volkes *Das Urteil steht noch aus. Jugendliche vor Gericht*
Eine Geschichte
(rotfuchs 541 / ab 14 Jahre)

Irene Rodrian
Blöd, wenn der Typ draufgeht
(rotfuchs 113 / ab 12 Jahre)
Küß mich, Knacki!
(rotfuchs 450 / ab 14 Jahre)

Heidi Hassenmüller
Gute Nacht, Zuckerpüppchen
(rotfuchs 614 / ab 14 Jahre)
Die authentische Geschichte des Mädchens Gaby, das viele Jahre hindurch vom Stief-vater mißbraucht wurde.

Marie-Thérèse Schins
Es geschah an einem Sonntag
Ein Abschied
(rotfuchs 523 / ab 12 Jahre)
Mieke kann Mutter und Vater nicht trösten, sie kann noch nicht einmal sprechen. Ihr ganzer Körper schmerzt. Alles in ihr schreit. Marcel, ihr geliebter Bruder, ist tot...

Ann Ladiges
Mach Druck, Zwiebelfisch!
Eine Gewissensfrage
(rotfuchs 596 / ab 13 Jahre)
Markus, Azubi in einer Druckerei, bewundert den Drucker Georg: der weigert sich aus Gewissensgründen, eine kriegsverherrlichende Heft-Reihe zu drucken und riskiert seinen Job.

Isolde Heyne
Funny Fanny *oder Die Angst vorm Schwarzen Mann*
(rotfuchs 499 / ab 12 Jahre)

Margret Steenfatt
Nele *Ein Mädchen ist nicht zu gebrauchen*
(rotfuchs 437 / ab 13 Jahre)
«Wenn zwei sich umarmen und küssen, lieben sie sich.»
Wolfgang, der Freund ihres Stiefvaters, sucht gezielt die Freundschaft von Nele. Und mißbraucht sie schließlich. Mit einer Adressenliste der Selbsthilfegruppen von Betroffenen.
Haß im Herzen *Im Sog der Gang*
(rotfuchs 648 / ab 12 Jahre)
Tono hält es nicht mehr aus: Kein Platz in der Wohnung, tödliche Langeweile in der Schule... Er sucht Abenteuer in einer Bande, die Angst und Schrecken verbreitet.

Karlhans Frank
Eigentlich habe ich ganz andere Pläne gehabt *Erzählung*
(rotfuchs 502 / ab 14 Jahre)
Anja, Hochleistungssportlerin: keine Zeit für Discos, Jungen oder Eis. Dann hat sie einen Unfall – mit Konsequenzen!